Couvertures supérieure et inférieure manquantes

# LE CONGO

POITIERS. — TYPOGRAPHIE OUDIN.

M. SAVORGNAN DE BRAZZA.

Paul Blaise

# LE CONGO

## HISTOIRE — DESCRIPTION — MŒURS ET COUTUMES

(ILLUSTRÉ DE 21 GRAVURES)

PARIS

H. LECÈNE ET H. OUDIN, ÉDITEURS

17, RUE BONAPARTE, 17

# LE CONGO

## CHAPITRE PREMIER.

Situation. — Limites. — Étendue. — Le fleuve et ses affluents.

On désignait autrefois sous le nom de Congo, un royaume minuscule, enclavé dans les possessions portugaises de la côte occidentale d'Afrique, et situé près de l'embouchure d'un grand fleuve appelé *Zaïre* ou *Congo*.

Actuellement, cette dénomination s'applique à l'immense région de l'Afrique centrale arrosée par le Congo et ses nombreux affluents. Toute cette contrée, qui va des lacs de l'intérieur aux rives de l'Océan, était, il y a quelques années encore, indiquée sur les cartes géographiques par ces mots : « Régions inexplorées ». Aujourd'hui, si le bassin du Congo n'est pas entièrement connu, du moins a-t-on relevé le cours du grand fleuve depuis sa source jusqu'à son embouchure, et exploré quelques-uns de ses affluents les plus importants.

L'état des connaissances géographiques ne permet pas, cependant, de fixer des limites absolument exactes au bassin du Congo ; sur bien des points ses frontières sont purement conventionnelles, notamment au nord, où s'étendent d'immenses régions que n'ont pas encore parcourues les voyageurs.

Les bornes officielles du bassin du Congo sont, à l'est, une ligne imaginaire suivant à peu près le 27ᵉ méridien oriental de Paris, passant par le lac Tanganika et venant aboutir au lac Banguelo. Au sud, cette ligne rejoint la mer, en décrivant quelques courbes sans importance. A l'ouest, les rivages de l'Océan Atlantique, depuis Ambriz au sud, jusqu'à la rivière Sette au nord.

Ainsi déterminée, la région du Congo représente environ *trois millions et demi* de kilomètres carrés, c'est-à-dire plus du tiers de l'Europe, ou la superficie réunie de tous les pays d'Europe, moins la Russie et la presqu'île scandinave.

Par suite des différentes conventions survenues entre les puissances européennes, et en vertu des décisions de la conférence de Berlin, le bassin du Congo comprend :

1° L'Etat libre du Congo, propriété de l'Association internationale du Congo, reconnu aujourd'hui comme Etat indépendant et neutre, et dont le souverain nominal est le roi des Belges. Il est situé au centre du continent africain et compris entre le 4° de latitude nord, au nord ; le 27ᵐᵉ parallèle et les lacs, à l'est ; le royaume du Monato-Yanvo et les possessions portugaises d'Angola, au sud ; à l'ouest et au nord-ouest, il est limité par le cours même du Congo, le Tchiloango, petit fleuve côtier, et l'Océan.

2° Le Congo français, qui s'étend de l'embouchure du Tchiloango aux rives du Congo, qu'il longe depuis Manyanga jusqu'à l'équateur ; au nord, il va rejoindre nos possessions de l'Ogooué et du Gabon ; à l'ouest, il borde l'Atlantique.

3° Le Congo portugais, au sud des bouches du fleuve.

Cet immense territoire forme le bassin du Congo.

Les origines du Congo ont été longtemps un mystère, et ont donné lieu à bien des suppositions : les moines portugais et italiens qui débarquèrent, il y a quatre cents ans, à son embouchure, lui supposaient avec le Nil des sources communes. Livingstone croyait que sa partie supérieure, qu'il avait entrevue, appartenait au bassin du Zambèze, ce grand fleuve qui se jette dans l'océan Indien. Aujourd'hui, grâce aux voyages de Caméron, de Stanley et de Giraud, il est établi que le Congo forme un système fluvial à part.

La rivière *Tchambesi*, qui prend sa source au sud-est du lac Tanganika et se jette dans le lac Banguelo, est maintenant considérée comme la source du Congo ; sous le nom de *Louapoula*, elle sort du lac et se dirige sur le lac Moéro qu'elle traverse. Du lac Moéro coule, vers le nord, une rivière nommée *Louvena*, dont le tracé est encore indécis ; elle se dirige vers le nord-ouest et rencontre le lac Sandji ou Oulandji. Au sud-ouest, ce lac reçoit un autre cours d'eau appelé *Loualaba*, nom qui semble donné à plusieurs rivières ; selon Stanley, ce nom ne serait lui-même qu'une altération de *Loualaohoua*, ainsi que les gens de Manyena, les Vouenya, nomment le fleuve ; comme celui-ci change à chaque affluent qu'il reçoit, à partir de l'embarcadère de Kammpoomzou, Stanley l'appela Livingstone ou Congo.

A cet endroit, le fleuve a déjà onze cents mètres de large : « Il coule entre deux lignes noires de bois, écrit Stanley, avec une grandeur inexprimable. Calmes et profondes, ses eaux brunes glissent majestueusement vers l'inconnu, dont les récits fabuleux qu'on m'avait faits, soulevaient seuls le voile. Peut-être longeaient-elles le pays des anthropoïdes et des pygmées ; peut-être le Makoko, ce roi redoutable cité par Diaz, Cada Mosto et Dapper, avait-il un représentant dans les centaines de lieues inexplorées qu'elles traversaient. »

Stanley avait rencontré le Loualaba en suivant un de ses affluents, la *Louama*, qui sort du Tanganika.

Bientôt commencent les rapides du fleuve ; les premiers sont ceux d'Oukassa ; puis le Congo décrit des coudes aigus, et son cours, jusqu'ici tranquille, forme des tournoiements dangereux, où tourbillonnent sans cesse de larges nappes d'écume blanche. Tout à coup le lit du fleuve se rétrécit et pendant cinq ou six kilomètres coule entre des rives escarpées, que sépare un espace de huit cents mètres à peine, pour s'élargir sans transition et atteindre dix-sept cents mètres.

Depuis Oukomghé, le Congo forme deux bras, d'un kilomètre chacun, que séparent des îles boisées d'une merveilleuse fertilité ; puis viennent les sept cataractes de Stanley, situées sous l'équateur; elles sont absolument infranchissables. « Après avoir bondi de rapide en rapide pendant un mille, le fleuve rencontre une nappe transversale contre laquelle s'empilent des vagues énormes; le blanc liquide surmonte la crête de la rampe et retombe de l'autre côté en un chaos indescriptible. »

Au-dessous, le fleuve mesure dix-huit cents mètres et de douze à quatorze mètres de profondeur; entre la sixième et la septième chute, il se resserre de nouveau pour ne plus atteindre que douze cents mètres, dont près de sept cents sont occupés par des îles. Ainsi resserrée, la rivière court bruyamment entre des berges escarpées et les rochers abrupts des îles; ses flots roulent à toute vitesse, prennent une force indescriptible, et, bondissants, se jettent dans un gouffre où ils forment des lignes de grandes vagues qui se pressent les unes contre les autres avec une véritable rage. La sortie du Nil aux chutes du Ripon n'est rien, comparée à ce fleuve dix fois plus volumineux et resserré dans le même espace.

Depuis sa sortie du lac Moéro jusqu'à l'équateur, le Congo suit une direction nord-ouest, avec quelques courbes infléchissant vers le nord, puis vers le nord-est; ces détours firent croire un instant à Stanley que le fleuve allait rejoindre le Nil. A partir de *Stanley falls*, chutes de Stanley, le Congo décrit un arc de cercle au nord et, courant à l'est quart nord-est d'abord, se dirige ensuite vers le sud, pour revenir couper la ligne à N'gondo; puis il continue dans cette dernière direction jusqu'à Stanley Pool. Sur tout ce parcours, le lit du fleuve atteint une largeur qui souvent excède cinq mille mètres; de ses eaux abondantes et rapides s'élèvent des milliers d'iles et d'ilots boisés, très fertiles, et dont un grand nombre sont habités par une population guerrière, dont Stanley eut souvent à subir les attaques ; ses rives aussi sont si populeuses que, pendant de longues distances, les villages se touchent presque.

De grandes rivières, dont les sources sont encore inconnues, apportent leurs eaux dans le Congo, à droite et à gauche; les plus considérables sont l'Arouwimi, qui n'a pas moins de dix-huit cents mètres à son confluent; l'Ikelamba, large de seize cents mètres et dont les eaux noires coulent pendant longtemps sans se mélanger à celles du grand fleuve; l'Oubandji, le Rouki, l'Alima, appelée Lawson par Stanley, et le Lefini ; ces deux dernières traversent le territoire français.

De l'équateur à Stanley-Pool, le fleuve se rétrécit, les iles deviennent moins nombreuses, et les rives plus escarpées.

Stanley-Pool, l'étang de Stanley, est un vaste élargissement du fleuve, plutôt qu'un étang ; il mesure environ quinze cents kilomètres carrés de superficie. Une longue ile inhabitée le divise en deux parties, suivant à peu près la direction de l'axe du fleuve. Chacun des bras est parsemé d'ilots et de bancs de sable peu élevés, couverts de grandes herbes, de papyrus et de palmiers borassus. Outre ces iles, on

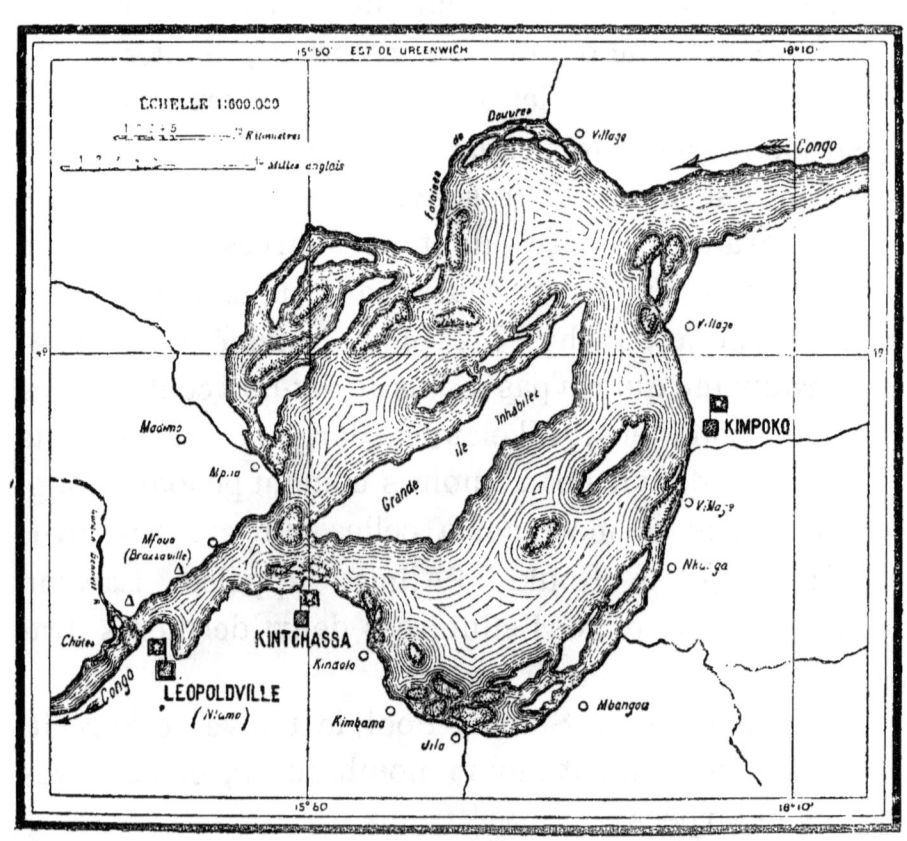
STANLEY-POOL. — ÉTANG DE STANLEY.

aperçoit des ilots entièrement formés de papyrus enchevêtrés : ce sont des iles flottantes qu'emporte le courant vers les cataractes.

Le règne animal est largement représenté sur les rives de Stanley-Pool : des milliers d'oiseaux aquatiques : aigrettes blanches, canards, pluviers dorés, pélicans, hérons, prennent leurs ébats aux bords du fleuve ; sur les bancs de sable et de vase, d'énormes crocodiles dorment au soleil, et de monstrueux hippopotames se jouent entre les iles.

Autour de l'étang se dressent de hautes collines boisées, entre autres, les *Dovers cliffs* ou montagnes de Douvres. A l'extrémité méridionale de cet élargissement, à l'endroit où le fleuve rentre dans son lit, se dresse la pointe de Kallina, sorte de promontoire formé par une roche rouge de cinquante pieds de haut, au bas de laquelle tourbillonnent des remous dangereux, difficiles à franchir, même pour un vapeur ; son nom lui vient d'un officier autrichien qui s'y noya en décembre 1882. M. Kallina devait remonter le Congo ; au lieu d'attendre le bateau qui, tous les mois, part de Léopoldville pour aller ravitailler les stations du haut fleuve, il s'embarqua sur un canot indigène. Le lieutenant était très grand et très lourd, il s'assit, malgré les observations des canotiers, à l'arrière du bateau ; celui-ci, déséquilibré, fut pris par le tourbillon et englouti en un instant. Le lieutenant Kallina et les hommes d'équipage furent noyés.

Au sortir de Stanley-Pool, le Congo se dirige vers le sud-ouest jusqu'à Vivi, où il remonte un peu vers l'ouest pour former l'estuaire par lequel il se déverse dans l'Océan. De Stanley-Pool à Vivi, son cours est coupé par de nombreux rapides et par les trente-deux cataractes de Livingstone.

« Ce n'est plus, écrit Stanley, le cours d'eau majestueux dont la beauté mystique, la noble grandeur, le flot calme et ininterrompu sur une distance de neuf cents milles (1,450 kilomètres), avaient pour nous un charme irrésistible, en dépit de la férocité des tribus de ses bords, C'est un torrent furieux, roulant dans un lit profond, obstrué par des récifs de lave, des projections de falaises, des bancs de roches erratiques, traversant des gorges tortueuses, franchissant des terrasses et tombant en une longue série de chutes, de cataractes et de rapides. »

A Boma, commence l'estuaire du Congo, mais c'est vues de l'Océan que les bouches du fleuve sont véritablement imposantes.

A mesure qu'on s'approche, par mer, de l'embouchure du Congo, les hautes falaises de roches rouges qui tombent à pic dans l'Océan et rendent l'accès de la côte difficile, s'abaissent graduellement ; près du fleuve s'étend une plage immense, basse et sablonneuse, que recouvre une épaisse ceinture de palétuviers. La mer change de ton, et pendant des lieues on peut suivre les eaux brun rouge du Congo, qui traversent les flots verts de l'Océan sans s'y mêler.

Contrairement aux autres grands fleuves de l'Afrique, au Nil, au Niger, au Zambèse, qui forment d'immenses deltas, le Congo se jette dans l'Océan par

LA POINTE DE BANANE.

une seule bouche ; mais il est probable qu'il se créera dans l'avenir d'autres déversoirs et qu'il se fraiera un passage jusqu'à Kabinda, par la petite rivière du Crocodile, qui passe derrière Boma : c'est l'opinion de tous ceux qui, depuis quelques années, constatent les envahissements du fleuve.

A son embouchure, les rives du fleuve forment deux pointes : *Banane*, sur la rive droite, et la *pointe Padrao*, sur la rive gauche : on dirait les derniers fragments de la côte, déchirée par un effort puissant du Congo, pour forcer sa voie jusqu'à la mer. La pointe Padrao est un petit promontoire marécageux, couvert d'une forêt de palmiers Fans et de palétuviers dont les racines enchevêtrées forment brisant, et protègent la côte contre les attaques de l'Océan.

La pointe de Banane est une presqu'île battue d'un côté par les vagues de la mer, et, de l'autre côté, minée par le courant du Congo ; on prolonge son existence en plantant de gros pieux sur la plage, et en entassant des pierres et des blocs de rochers.

D'où lui vient son nom de Banane ?... Peut-être, quand elle fut baptisée, cette péninsule était-elle couverte de bananiers ; aujourd'hui, on n'en voit plus un seul ; mais le nom lui est resté, et Banane est devenu un établissement dont l'importance ira sans cesse croissant, car c'est un port sûr et un excellent mouillage. Le Congo forme, sur ce point, une anse profonde, assez vaste pour recevoir tous les vaisseaux du monde; les plus grands navires peuvent jeter l'ancre à cinquante mètres du rivage. L'isthme qui rejoint Banane à la terre est basse, marécageuse et presque toujours tellement recouverte par les eaux, qu'il faut prendre un bateau pour gagner l'établissement ; en résumé, c'est bien plutôt une ile qu'une péninsule.

A part le bassin de l'Amazone, il n'est pas de système fluvial, au monde, qui reçoive une masse d'eau comparable à celle qui se déverse dans le Congo : quelques-uns de ses affluents sont des rivières plus grandes que les plus grands fleuves de l'Europe ; des lacs immenses, comme le Banguelo, qui mesure vingt-cinq mille kilomètres carrés de superficie, les alimentent ; et ces réservoirs sont situés à des hauteurs qui varient entre mille et douze cents mètres au-dessus du niveau de la mer.

Du lac Banguelo à son embouchure, le Congo mesure 4,235 kilomètres ; sa largeur entre Banane et Pointe del Padrao est de dix-sept mille mètres, et son débit est évalué à 762,675 mètres par seconde pendant la saison sèche ; à l'époque des pluies, il double presque de volume, quand ses eaux et celles de ses affluents sont gonflées au point de déborder.

## CHAPITRE II.

Découverte du Congo. — Les explorateurs anciens. — Livingstone. — Stanley. — Cameron.

Dès le commencement du xv$^e$ siècle, les rois de Portugal rêvaient de concentrer entre leurs mains tout le commerce des Indes orientales, dont les Grecs et les républiques italiennes se disputaient le monopole. Pour atteindre ce but, il fallait trouver, en dehors de la Méditerranée, une voie qui conduisît directement aux Indes.

A la fin du xv$^e$ siècle, de nombreuses expéditions furent envoyées avec mission de prolonger la côte occidentale d'Afrique. En 1484, Barthélemy Diaz partit avec trois vaisseaux, et, malgré le mauvais temps et les dangers d'une navigation difficile sur ces mers encore inconnues, atteignit la pointe sud de l'Afrique, qu'il nomma *Cap des Tempêtes*. Le roi Jean II, plus confiant dans l'avenir, l'appela cap de *Bonne-Espérance*. En 1497, Vasco de Gama, plus heureux, doublait le cap et, traversant l'océan Indien, abordait à Calicutt.

Cependant, d'autres flottes étaient chargées de visiter la côte, d'y créer des établissements, d'y installer des missionnaires. C'est pendant un de ces voyages d'exploration que le Congo fut découvert.

« En 1484, selon les uns, en 1481, suivant les autres,

*Diego Cân*, capitaine portugais, ayant traversé la ligne formidable de l'équateur, découvrit l'embouchure du *Zaïre* ou *Congo, qui sort des mêmes sources que le Nil et précipite son cours vers les plages de l'Occident*. Il est large d'environ dix-sept milles à son embouchure, et si impétueux que pendant plusieurs lieues il fend les flots de l'Océan sans s'y mêler et sans en prendre l'amertume.

« Diego débarqua dans cette partie du pays qui est sujette au prince de Sogno ; au point où il toucha terre, il planta le signe de la croix pour perpétuer la mémoire de ce jour, et il nomma cet endroit la *Punta*, ou promontoire *del Padrao*.

« Cân voulut pénétrer dans l'intérieur et voir un roi puissant ; on lui désigna le roi de Congo. Il se rendit dans sa métropole, et le roi sauvage ayant cru aux paroles de Diego, lui confia quatre de ses sujets pour qu'il les emmenât et qu'ils pussent porter au roi de Portugal les hommages de son amitié. »

C'est ainsi qu'en 1687 Cavazzi décrivait la découverte des bouches du fleuve Congo.

Après Diego et les religieux qu'il débarqua, de nombreux missionnaires portugais et italiens vinrent s'établir dans le royaume de Congo pour évangéliser les indigènes. Bientôt, ils quittèrent les côtes pour s'avancer dans l'intérieur. Les uns, allant droit à l'est, gagnèrent les bords du Tanganika ; d'autres, remontant au nord, en suivant le cours du fleuve, visitèrent l'empire de Makoko.

Vers 1521, un de ces missionnaires suivit le cours

du fleuve, dont il décrit les rapides, les cataractes et le large lit tout parsemé d'îles, « habitées par des tribus guerrières qui se livrent des combats continuels ; elles montent de grands canots creusés dans des troncs d'arbres ; ils sont si grands que six hommes ne pourraient les embrasser ; ils peuvent porter jusqu'à deux cents hommes ».

Ne sont-ce pas là les sauvages indigènes, montés sur de longs bateaux, qui assaillirent si souvent Stanley pendant sa descente du Zaïre, alors qu'il décrit le fleuve comme encombré d'îles habitées par des tribus hostiles, auxquelles il fut obligé de livrer maints combats ?

Vers la même époque, l'un de ces missionnaires pénétrait dans l'empire de Makoko ; en 1552, le P. Bonaventure de Sorente se proposait de remonter le Congo, de gagner les sources du Nil et, descendant ce dernier fleuve, d'atteindre la Méditerranée.

Onze ans plus tard, le P. Silveira, qui mourut à Lunda, dans la région des lacs, rencontra un religieux accomplissant la traversée du continent africain ; parti de Saint-Paul de Loanda, sur la côte de l'Atlantique, ce missionnaire suivit la route parcourue plus tard par Caméron, dans la partie méridionale du bassin du Congo ; puis il gagna la côte de Mozambique, sur l'Océan indien, où il s'embarqua pour Goa.

Le XVIIIe siècle ne fit guère progresser l'exploration du Congo : de nombreux voyageurs, cependant, parcoururent la route ouverte vers les grands lacs ; mais le récit de leurs voyages n'a pas été écrit ou n'est pas parvenu jusqu'à nous. Enfin, en 1789? le Portugais Lacerda fit une véritable exploration géographique. Connu déjà par ses travaux au Brésil, il fut mis par le gouvernement portugais à la tête d'une expédition chargée de reconnaitre l'intérieur. Parti de Tèté, sur le haut Zambèze, il s'avança jusqu'aux Etats du Muata de Cazembé et jusqu'à la capitale du pays de Lunda; mais la mort l'empêcha d'accomplir la traversée complète du continent africain.

A partir de cette époque, il semble que l'on ait abandonné toute tentative d'exploration, et, même, que le souvenir des routes tracées se soit perdu. Ce n'est qu'au commencement de notre siècle que les nations européennes s'élancèrent de nouveau à l'assaut du continent mystérieux.

Trompés sans doute par la direction du fleuve dans sa partie déjà connue, les géographes se figuraient qu'en remontant son cours, on atteindrait les régions inexplorées du Soudan méridional, et, peut-être, le sud de l'Abyssinie et le Nil. On était loin de s'imaginer qu'il décrivait une courbe immense, et venait de la région des lacs.

En 1816, l'Angleterre chargea le capitaine Tuckey de remonter le fleuve Congo aussi loin que possible, d'étudier les productions de ses rives et de recueillir des données géographiques sur l'intérieur du continent. Le capitaine Tuckey s'embarqua sur le fleuve ; mais, à *quatre cent cinquante milles* de son embouchure, il rencontra les premiers sauts, qui l'arrêtèrent dans sa marche, à un endroit appelé Isangila, 'qu'il nomme Sangalla ; puis il fut pris par la maladie, et mourut ; son expédition, privée de son chef, démoralisée par la souffrance, décimée par la fièvre, regagna à grand'peine les rives de l'Océan ; et seuls, quelques rares survivants revinrent en Angleterre.

C'est à Stanley qu'était réservée la gloire de suivre le grand fleuve sur tout son parcours ; mais, avant lui, de nombreux voyageurs avaient visité plusieurs points du bassin du Congo ; le but poursuivi par ces explorateurs était l'étude de la région des grands lacs, des sources du Nil et des sources du Zambèze. Les principaux, Burton, Speke, Grant, Livingstone, pénétrèrent au centre du continent par la côte orientale ; c'est aussi de ce point que Caméron et Stanley partirent pour leur périlleuse traversée.

Le plus connu et le plus célèbre de ces explorateurs est Livingstone. C'était un missionnaire protestant anglais, qui s'était consacré tout entier à la mission d'étudier l'intérieur du continent. Dans ses premiers voyages, de 1840 à 1853, il visita le pays compris entre la colonie du Cap et le cours du Zambèze. De 1853 à 1856, il quitta le bassin du Zambèze et, pour gagner Loanda sur la côte occidentale, traversa la région arrosée par les affluents de gauche du Congo ; puis il revint sur la côte de Mozambique, accomplissant ainsi la traversée de l'Afrique.

De 1866 à 1873, il partit de Zanzibar, visita le Cazembé, découvrit le lac Moéro, remonta la rivière Louapoula, qui s'y déverse, et découvrit le lac Banguelo ; c'est dans ce voyage qu'il acquit la certitude que les cours d'eau qu'il rencontrait formaient un système fluvial à part, et n'appartenaient pas au bassin du Zambèze, comme on l'avait cru jusqu'alors. C'était la partie orientale du Congo, et il avait vu le cours supérieur du grand fleuve, le Loualaba.

Cependant, en 1869, on était sans nouvelles de Livingstone; des trente-quatre lettres qu'il avait écrites depuis 1868, aucune n'était parvenue à destination. La Société de Géographie de Londres décida, en 1871 seulement, d'envoyer une mission à la recherche de l'explorateur. Les chefs de cette expédition mirent une telle lenteur dans leurs préparatifs, qu'à peine arrivés à Zanzibar, le télégraphe apprenait à Londres que Livingstone était retrouvé vivant; et par qui ?... par un journaliste américain, Henri Stanley.

Le directeur du *New-York Herald*, journal américain, M. James Gordon Bennett, s'était décidé à envoyer à ses frais un *reporter* au centre de l'Afrique, pour retrouver le missionnaire anglais.

Voici en quels termes Stanley, lui-même, raconte la façon dont son directeur lui confia cette mission :

« Le 16 octobre de l'an du Seigneur 1869, j'étais à Madrid, rue de la Croix; j'arrivais du carnage de Valence. A dix heures du matin, Jacopo m'apporte une dépêche; j'y trouve les mots suivants :

« Rendez-vous à Paris, affaire importante ».

Le télégramme est de James Gordon Bennett fils, directeur du *New York Herald*. A trois heures, j'étais en route. Obligé de m'arrêter à Bayonne, je n'arrivai à Paris que dans la nuit suivante.

J'allai directement au Grand-Hôtel, et frappai à la porte.

— Entrez, dit une voix.

Je trouvai M. Bennett au lit.

— Qui êtes vous ? me dit-il.

— Stanley.

— Ah ! oui ; prenez une chaise, j'ai pour vous une mission importante.

Il jeta sa robe de chambre sur ses épaules et me dit vivement :

— Où pensez-vous que soit Livingstone ?

— Je n'en sais vraiment rien, Monsieur.

— Croyez-vous qu'il soit mort ?

— Possible que oui, possible que non.

— Moi, je pense qu'il est vivant, qu'on peut le retrouver, et je vous envoie à sa recherche.

— Avez-vous réfléchi à la dépense qu'occasionnera le voyage ?

— Vous prendrez d'abord 25,000 francs ; quand ils seront épuisés, vous ferez une traite d'autant, puis une troisième, puis ainsi de suite ; mais vous retrouverez Livingstone.

— Dois-je aller directement à la recherche de Livingstone ?

— Non ; **vous assisterez à** l'inauguration du canal de Suez ; de là, vous remonterez le Nil. J'ai entendu dire que Baker allait partir pour la haute Egypte : informez-vous le plus possible de son expédition. En remontant le fleuve, **vous décrirez tout ce qu'il y a d'intéressant pour les touristes**, et vous nous ferez un guide — un guide pratique. Vous direz tout ce qui mérite d'être vu et de quelle manière on peut le voir. Vous ferez bien, après cela, d'aller à Jérusalem; le capitaine Warren fait, dit-on, là-bas, des découvertes importantes; puis à Constantinople, où vous vous renseignerez sur les dissentiments qui divisent le Sultan et le Khédive. Après..... Voyons un peu. Vous passerez par la Crimée et vous visiterez les champs de bataille; puis vous suivrez le Caucase jusqu'à la mer Caspienne; on dit qu'il y a là une expédition en partance pour Khiva. Ensuite vous gagnerez l'Inde en traversant la Perse. Vous pouvez écrire de Persépolis une lettre intéressante. Bagdad sera sur votre passage; adressez-nous quelque chose sur le chemin de fer de l'Euphrate; et quand vous serez dans l'Inde, embarquez-vous pour rejoindre Livingstone. A cette époque, vous apprendrez sans doute qu'il est en route pour Zanzibar; sinon, allez dans l'intérieur et cherchez-le jusqu'à ce que vous l'ayez trouvé. Informez-vous de ses découvertes; enfin, s'il est mort, rapportez des preuves certaines.

Maintenant, bonsoir, et que Dieu soit avec vous.

— Bonsoir, Monsieur; tout ce que l'humaine nature a le pouvoir de faire, je le ferai, ajoutai-je ; et dans la mission que je vais accomplir, veuille Dieu être avec moi. »

Après avoir fait la tournée qu'on lui avait indiquée, Stanley se dirigea sur Zanzibar, qu'il atteignit le 6 janvier 1871, venant de Bombay. Il organisa rapidement une forte caravane et marcha vers l'ouest. Le

10 novembre 1871, après un voyage de deux cent trente-six jours, il rejoignait Livingstone à Oudjiji, sur le Tanganika.

« Le 3 novembre, écrit Stanley dans son livre : *Comment j'ai retrouvé Livingstone*, une caravane composée de quatre-vingts natifs du pays de Gouhha, province située à l'ouest du Tanganika, est arrivée d'Oudjiji. J'ai demandé les nouvelles. « Un homme blanc est là-bas depuis trois semaines », m'a-t-on répondu. Cette réponse m'a fait tressaillir.

— Un homme blanc? ai-je repris.

— Oui, un homme blanc.....

— Comment est-il habillé?

— Comme le maitre.

C'est moi que l'on désignait ainsi.

— Est-il jeune?

— Non, il est vieux, il a du poil blanc sur la figure. Et puis, il est malade.

— D'où vient-il?

— D'un pays qui est de l'autre côté du Gouhha, très loin, très loin, et qu'on appelle Manyena.

— Vraiment! Et pensez-vous qu'il soit encore à Oudjiji?

— Nous l'avons vu il n'y a pas huit jours.

— Hourrah! C'est Livingstone, c'est Livingstone! »

Le lendemain, Stanley, avec ses hommes, se dirige sur Oudjiji ; sept jours après, il arrive à moins de 500 mètres du village.

— Déployez vos drapeaux, s'écrie Stanley, et chargez les armes.

.....Près de cinquante fusils rugissent. Leur tonnerre, pareil à celui du canon, produit son effet dans le village.

— Kirangozy, portez haut la bannière de l'homme blanc! qu'à l'arrière-garde flotte le drapeau de Zanzibar! Serrez la file, et que les décharges continuent jusque devant la maison de l'homme blanc!

« Nous n'avions pas fait 200 mètres, que la foule se pressait à notre rencontre. La vue de nos drapeaux faisait comprendre qu'il s'agissait d'une caravane; mais la bannière étoilée qu'agitait fièrement Asmani produisit dans la foule un mouvement d'incertitude; c'était la première fois qu'elle paraissait dans le pays....... Prenant alors le parti qui me parut le plus digne, j'écartai la foule et me dirigeai, entre deux haies de curieux, vers le demi-cercle d'Arabes devant lequel se tenait l'homme à barbe grise.

« Tandis que j'avançais lentement, je remarquai sa pâleur et son air de fatigue. Il avait un pantalon gris, une veste rouge et une casquette bleue à galon d'or fané. J'aurais voulu courir à lui ; mais j'étais lâche en présence de cette foule. J'aurais voulu l'embrasser ; mais il était Anglais, et je ne savais pas comment je serais reçu. Je fis donc ce que m'inspirait la couardise et le faux orgueil : j'approchai d'un pas délibéré, et dis en ôtant mon chapeau :

— Le docteur Livingstone, je présume?

— Oui, répondit-il avec un bienveillant sourire.

Nos têtes furent recouvertes et nos mains se serrèrent. »

Livingstone emmena Stanley dans sa demeure. Alors commença le récit des événements dont l'Europe et le monde entier étaient le théâtre depuis des années que le docteur était sans nouvelles d'Europe.

— Que se passe-t-il dans le monde? demanda Livingstone?

— Vous êtes sans doute au courant de certains faits, répondit Stanley ; vous savez, par exemple, que le canal de Suez est ouvert, et que le transit y est régulier entre l'Europe et l'Asie ?...... Et le chemin de fer du Pacifique, Grant président des Etats-Unis, l'Egypte inondée de savants, la révolte des Crétois, Isabelle chassée du trône, Prim assassiné, la liberté des cultes en Espagne, le Danemark démembré, l'armée prussienne à Paris, la France vaincue.....

« Quelle avalanche de faits pour un homme qui sort des forêts vierges du Manyena!....... »

Pendant quatre mois, Livingstone et Stanley explorèrent ensemble les rives du Tanganika, puis, emportant les papiers du docteur, le reporter américain revint en Europe.

Avant son départ, Stanley avait tout fait pour engager Livingstone, à revenir en Angleterre afin de réparer ses forces ; mais le missionnaire fut inébranlable : « Je veux compléter mon œuvre, disait-il ; tous mes amis le souhaitent ».

Le 14 mars 1872, Stanley s'éloignait, laissant Livingstone à Kouihara, où il attendait l'arrivée d'une caravane que le reporter américain devait lui envoyer de Zanzibar. L'immobilité pesait au docteur, et les jours lui paraissaient longs.

Enfin, le 14 août, les cinquante-sept hommes annoncés par Stanley arrivèrent ; parmi eux se trouvait John Wainwright, qui savait lire et écrire, et joua un rôle important lors de la mort de Livingstone.

Le 25 août, le voyageur se mettait en route, dans la direction de l'ouest ; il n'arriva que le 8 octobre en vue du lac de Tanganika.

« Tout le monde est fatigué, écrit-il, et je me réjouis qu'on marche lentement. » A cette époque, la santé de Livingstone était complètement détruite, et chaque journée de marche ne faisait qu'empirer le mal.

Pendant deux mois, la caravane contourne le lac et voyage dans un pays montagneux ; puis elle se dirige au sud-ouest, traversant un pays plat et couvert d'arbres ébranchés pour faire de l'étoffe et des cendres. Le 26 décembre, elle traverse le Lafouba, un affluent du Loualaba, et un pays fortement ondulé « Nous montons évidemment, à mesure que nous approchons du Zambèze. »

Jusqu'au 20 avril 1873, Livingstone suit, à une certaine distance, les bords du lac Banguelo, traversant une région coupée de nombreux cours d'eau, et de terrains marécageux et mouvants qu'il appelle « éponge ». A partir de ce moment, le voyageur devient d'une faiblesse extrême ; la mort arrive à grands pas. Chaque jour, son journal, qu'il rédigeait avec le plus grand soin, ne contient plus que la date et une ligne ou deux de renseignements.

« *21 avril*. Essayé de monter à âne ; mais obligé de me coucher. J'ai perdu trop de sang (il avait la dyssenterie) et n'ai plus de force, il faut me porter. » On le ramena au village. Le lendemain, il repartait.

« *22 avril*. Porté en kitanda, à travers une bouga. Sud-ouest, deux heures et quart. »

Le jour suivant, il ne put inscrire sur son journal que la date du jour :

« *23 avril*. »

Et ainsi le 24, le 25 et le 26 avril.

« *27 avril*. — Je n'en peux plus, et je reste. Mieux. Envoyé acheter des chèvres laitières. Nous sommes au bord du Molilamo. »

Ces lignes sont les dernières qu'il ait écrites.

Le 29, avec des peines inouïes, on lui fit traverser le Molilamo et on l'installa dans le village de Tchitammbo.

Le 30, vers onze heures du soir, Livingstone appela son serviteur Souzi, qui couchait dans une case voisine de la sienne ; de grands cris retentissaient dans le lointain.

— Est-ce que ce sont nos hommes qui font tout ce bruit ? demanda Livingstone.

— Non, maître, dit le serviteur ; ce sont les habitants qui chassent les buffles des champs de sorgho.

Quelques minutes après, il dit lentement, et comme en délire :

— Cette rivière, est-ce le Louapoula ?

Souzi lui répondit que c'était le Molilamo.

— A combien de jours sommes-nous du Louapoula ?

— Je pense que nous en sommes à trois jours, maître.

Puis, comme sous l'influence d'une douleur excessive, il murmura :

— Oh ! dear ! dear !

Et il retomba dans un assoupissement profond.

Vers minuit, il rappela Souzi et lui demanda de l'eau chaude et la boite de médicaments ; il choisit le calomel, qu'il fit placer auprès de lui, et dit d'une voix faible :

— C'est bien ; maintenant vous pouvez vous en aller.

Ce furent ses dernières paroles.

A quatre heures du matin, Madjouara vint trouver Souzi.

— Venez voir le maitre, lui dit-il ; j'ai peur, je ne sais pas s'il est vivant.

Souzi réveilla les autres serviteurs, et tous entrèrent dans la chambre.

Le lit était vide. Agenouillé au bord de sa couche, la figure dans ses mains posées sur l'oreiller, Livingstone semblait être en prière ; et par un mouvement instinctif, chacun d'eux se recula.

— Quand je me suis réveillé, dit Madjoura, il était comme à présent ; et puisqu'il ne remue pas, j'ai peur qu'il soit mort.

Les serviteurs s'approchaient. Une bougie collée sur la table par sa propre cire jetait une clarté suffisante pour le bien voir. Ils le regardèrent pendant quelques instants et ne virent aucun signe de respiration. Mathieu lui posa doucement la main sur la joue ; plus de doute : Livingstone était mort, et déjà presque froid.

Ils le replacèrent religieusement sur son lit, et sortirent pour se consulter ; presque aussitôt le coq chanta. Livingstone était donc mort le 1er mai 1873.

Nous ne raconterons pas les péripéties du voyage des serviteurs de Livingstone, qui reportèrent son corps jusqu'à Zanzibar ; non seulement ils avaient à lutter contre les difficultés de la route, mais aussi contre la superstition des indigènes qui pensent que la présence d'un cadavre dans leurs villages appelle tous les malheurs sur les habitants ; ils arrivèrent à Zanzibar en février 1874, après un voyage de près de *dix* mois.

Livingstone n'a fait que soupçonner le cours du Congo ; voici ce qu'il écrivait à Kouihara le 18 février 1872, quelques jours avant le départ de Stanley :

« Il est certain que quatre grandes sources jaillissent de la ligne de faîte, à huit jours de marche de Katannga ; ces sources deviennent bientôt de grandes rivières ; deux de ces rivières se dirigent au nord, vers l'Egypte ; les deux autres vont au sud, dans l'Ethiopie intérieure : ce sont le *Loufira* de Bartle frères, qui se jette dans le Kamolanndo ; et le Loualaba de Webb, qui est la ligne principale du chaînage. Un autre Loualaba, celui de Young, traverse le lac de Lincoln, et, ainsi que le Lomanié, va rejoindre la rivière de Webb. La fontaine Liambaï, celle de Palmerston, est la source du haut Zambèze ;

et le Loungo, fontaine d'Oswald, est la tête de Kafoué ; toutes les deux s'écoulent dans l'Ethiopie centrale. Il est possible que ce ne soit pas les quatre fontaines dont le trésorier de Minerve a parlé à Hérodote ; mais elles n'en méritent pas moins qu'on les découvre, en tant qu'elles sont placées dans les cent derniers des 700 milles anglais (1,100 à 1,150 kilomètres) de la ligne de faîte dont proviennent la plupart des sources du Nil. »

C'est ce problème que Livingstone voulait résoudre, quand la mort vint le surprendre.

A peine apprenait-on en Angleterre que le célèbre explorateur était retrouvé, qu'un lieutenant de la marine anglaise, *Verney Lowet Cameron*, offrait de visiter la région des lacs et de relever le cours du Loualaba. Suivant la route tracée par ses devanciers, il gagna le Tanganika, et arriva à Nyangoué, sur le haut Congo. Cameron s'apprêtait à descendre le cours du fleuve, lorsqu'il fut arrêté par les exigences d'un chef indigène.

Pendant un séjour de plus de trois semaines sur ce point, Cameron put se renseigner sur le cours du Loualaba ; voici le résultat de ses observations :

« Tous les cours d'eau rencontrés par une caravane venant du Soudan se dirigeraient vers le Loualaba, qui, à l'ouest de Nyang, recevrait du nord trois grandes rivières : le Liloua, le Linndi et le Lohoua. Celui-ci, qui, d'après les renseignements que j'ai pu recueillir, serait aussi large que le Loualaba à Nyangoué et aurait deux tributaires importants, nommés tous les deux Loulou, me parait être l'Ouellé de Schweinfurth.

Les niveaux dont j'ai fait le relèvement établissent d'une manière concluante que le Loualaba *ne peut avoir aucun rapport avec le Nil*, son altitude à Nyangoué étant inférieure à celle du Nil à Gondokoro, même à celle du point où le fleuve d'Egypte a reçu tous ses affluents.

Une autre preuve non moins décisive est donnée par le débit du Loualaba ; celui-ci, dans la saison sèche, roule à Nyangoué cent vingt mille pieds cubes d'eau par seconde, où le Nil, dans le même laps de temps, ne charrie que vingt et un mille pieds. Le Loualaba *est donc bien l'une des têtes du Congo*; sans lui, où ce géant, qui ne le cède en énormité qu'à l'Amazone, peut-être au Yang-tse-Kiang, trouverait-il les deux millions de pieds cubes d'eau qu'à chaque seconde il verse dans l'Atlantique ? »

En quittant Nyangoué, Cameron se dirigea vers le sud, traversa le village de Tipo-Tipo, dans un pays populeux ; partout il rencontrait de grands villages bien bâtis, dont les cases très propres, alignées sur plusieurs rangs, formaient de longues rues bordées d'arbres des deux côtés. Toutes ces rues, orientées de même, couraient du nord au sud, afin qu'elles soient plus promptement séchées par le soleil.

D'abord bien reçu par les indigènes, le voyageur eut bientôt à se plaindre de la cupidité des chefs. Il traversait alors des pays entièrement dévastés, des villages incendiés, dont tous les habitants avaient été enlevés par les marchands d'esclaves. Il arriva enfin dans le pays de Kassonngo, « chef suprême de l'Ouroua », et en outre, souverain de plusieurs peuplades des bords du Tanganika. Pendant son séjour chez ce roi, et après de longues prières, il obtint des guides pour aller visiter le lac Kassali ou Kikondja ; mais il ne put atteindre ses bords, les devins ayant prévenu les chefs que si le blanc s'approchait du lac, ses eaux se tariraient aussitôt. Cameron dut se contenter de regarder le lac du haut d'une colline.

Les gens du Kassali habitent des demeures lacustres, élevées sur de hauts pilotis au-dessus des eaux, ou des îles flottantes. « Les îles flottantes qu'habitent les gens du Kassali, dit Cameron, ont pour base de grandes pièces de la végétation du lac, pièces détachées de la masse qui borde le rivage. Sur ce radeau végétal on a établi un parquet formé de troncs d'arbres et de broussailles ; le parquet a été recouvert d'une couche de terre, et l'îlot s'est trouvé constitué. Les gens y ont planté des bananiers, puis bâti des cases dont ils ont fait leur demeure permanente.

« Habituellement les îles sont amarrées à des pieux enfoncés dans le lac ; quand les habitants veulent changer de situation, les pieux sont arrachés, et l'îlot est halé au moyen de ses amarres qu'on va attacher à d'autres pieux. »

De retour chez le roi Kassonngo, Cameron fit marché avec un métis portugais du nom d'Alvez, qui conduisait à Bihé une caravane d'esclaves.

« Le soir de mon arrivée, je reçus un message d'un

traitant portugais qui était dans le pays depuis un an. Par ce message, Antonio Alvez, que les indigènes appelaient Kenndélé, et qui faisait surtout le commerce d'esclaves, m'annonçait sa visite pour le lendemain.

LE LIEUTENANT VERNEY LOWET CAMERON.

« En attendant, j'eus celle d'une partie de sa bande, une réunion d'êtres grossiers, à l'air farouche ; des sauvages presque nus, armés de vieux fusils à pierre, dont les canons, d'une longueur insolite, étaient décorés d'un nombre infini d'anneaux de cuivre.

« Le lendemain, José Antonio Alvez vint donc me

voir. Il arriva en grande cérémonie, couché dans un hamac surmonté d'un tendelet, et porté par des hommes dont la ceinture était garnie de clochettes d'airain. Derrière le palanquin venait une escorte d'un certain nombre de mousquets, et le jeune garçon chargé du tabouret et de l'arme du maître : un mauvais fusil de Birmingham.

« Le voyant venir en semblable équipage, et l'ayant toujours entendu qualifier de *Msoungou*, je m'attendais à trouver un homme de race blanche qui pourrait me donner d'utiles renseignements. Grande fut ma déception quand je vis sortir du hamac un horrible vieux nègre.

« Certes, il était habillé à l'européenne, et parlait portugais; mais c'était là tout ce qu'il avait emprunté à la civilisation, bien qu'il se dit complètement civilisé, à l'égal d'un Anglais, ou de tout autre individu à la peau blanche. »

Après s'être mis d'accord avec le traitant, Cameron sollicita une audience du roi pour prendre congé; mais le roi venait de partir pour une expédition, et, avant de se mettre en route, le voyageur et le traitant durent attendre le retour du souverain; celui-ci rentra le 21 janvier 1875 ; mais ce n'est que le 25 février que le convoi put se mettre en marche.

Pendant ce long séjour forcé dans les Etats de Kassonngo, Cameron put étudier les populations de l'Ouroua, et leur organisation sociale, qui paraît plus avancée que dans les autres nations du bassin du Congo.

« Cette vaste contrée, dit le voyageur, se divise en un grand nombre de districts, gouvernés chacun par un Kilolo ou capitaine. Quelques-uns de ces gouverneurs ont un pouvoir héréditaire; les autres sont nommés pour quatre ans. A l'expiration de ce terme, s'ils ont bien rempli leurs fonctions, ils peuvent être renommés, soit dans le même district, soit ailleurs. Si Kassonngo n'est pas content d'eux, il leur fait couper le nez, les oreilles ou les mains.

« La hiérarchie sociale est fortement établie, et une déférence est exigée des inférieurs. J'en ai eu de nombreux exemples, dont l'un surtout m'a bien frappé. Un homme de condition, en causant avec moi, vint à s'asseoir, oubliant qu'un de ses supérieurs était là ; immédiatement il fut pris à part et chapitré sur l'énormité de son offense. J'appris ensuite que si je n'avais pas été son interlocuteur, il eût payé de ses deux oreilles la faute qu'il avait commise.

« On ne connait dans l'Ouroua que deux châtiments : la mutilation et la peine de mort, toutes les deux fort en usage, surtout la première. Pour la moindre peccadille, le chef et ses lieutenants font couper un doigt, une lèvre, un morceau de l'oreille ou du nez. Pour les fautes plus sérieuses, ils prennent les mains, les oreilles, le nez, les orteils, et souvent tout ensemble. Kassonngo, comme ses prédécesseurs, s'arroge des honneurs divins. Il se dit au-dessus des nécessités de la vie et prétend qu'il n'a pas besoin de nourriture : s'il mange, s'il boit, s'il fume, c'est tout simplement parce qu'il y trouve du plaisir. »

Tous les hommes du pays font leur feu et leur cuisine eux-mêmes; le roi est le seul qui échappe à cette règle; mais si son cuisinier s'absente, c'est lui qui prépare son dîner. Il est également d'usage que chacun prenne son repas tout seul : aucun de ces indigènes ne permet qu'on le regarde manger ou boire. Quand on leur offre de la bière, ils demandent qu'on déploie devant eux une pièce d'étoffe. Ils tiennent par-dessus tout à n'avoir pas de femmes pour témoins.

Outre Alvez, la colonne se composait encore de plusieurs métis portugais, entre autres un certain Coïmbra qui ne cessait d'importuner le voyageur de ses demandes, et qui lui occasionna mille désagréments pendant la route.

Après quelques jours de marche, nouvel arrêt, qui se prolongea jusqu'au 10 juin. Le 27 juillet, le convoi pénétrait dans l'Oulonnda, contrée étroite, peu peuplée, où les villages sont petits et fort éloignés les uns des autres; le sol est en partie couvert d'épaisses forêts.

C'est en traversant cette région, que Cameron se donna une entorse qui l'obligea à se faire porter dans son hamac pendant plusieurs jours.

Durant toute la route, le voyageur fut témoin des affreux traitements infligés aux esclaves, et surtout aux femmes. « Maintes fois, sur la route, j'avais été navré de l'horrible condition de ces malheureuses qui, accablées de fatigue, à demi-mortes de faim, étaient couvertes de plaies résultant de leurs fardeaux et des coups, des blessures qui leur étaient infligés pour activer leur marche. Les liens qui les retenaient péné-

CAMERON, BLESSÉ, SE FAIT PORTER DANS SON HAMAC.

traient dans leurs chairs, qu'ils avaient rongées. Il en était ainsi pour tous les captifs. J'ai vu une femme continuer à porter le cadavre de son enfant mort dans ses bras. »

Après avoir traversé le pays de Lovalé, franchi la rivière Coenza, qui va se jeter dans l'Océan, un peu au sud de Saint-Paul de Loanda, Cameron arriva à Bihé, où il resta quelques jours, puis il reprit sa route vers l'Océan, au milieu de souffrances atroces, miné par la fièvre et le scorbut, mourant de faim; un jour enfin, le voyageur se traîna jusqu'au sommet d'une éminence, d'où il aperçut Catombela.

« Je descendis, en courant, la pente qui s'avance vers Catombela, agitant mon fusil au-dessus de ma tête, que la joie avait tournée. Sous l'influence de la même ivresse, mes compagnons me suivirent; nous courûmes ainsi jusqu'aux approches de la ville. Là, je déployai mon drapeau, et nous avançâmes plus tranquillement.

« Deux litières suivies de trois hommes portant des paniers remontaient la route; quand elles furent près de nous rejoindre, un petit Français à l'air joyeux sauta de sa maxilla, prit un des paniers, en tira une bouteille, la déboucha et but au « premier Européen qui eût traversé l'Afrique tropicale d'orient en occident ». Je devais cet accueil chaleureux à M. Cauchois, ancien officier de la marine française, établi à Benguela. »

A son retour en Europe, Cameron fut accueilli avec enthousiasme; l'Angleterre lui rendit des honneurs presque royaux. La Société de Géographie de Londres lui décerna en 1876 sa grande médaille d'or. La France aussi voulut rendre un hommage à ce grand voyageur : en 1877, la Société de Géographie de Paris lui envoya la médaille d'or, et le ministre de l'instruction publique lui donna les palmes d'officier de l'Université. Dès 1877, Cameron, promu au grade de commandant dans la marine britannique, a repris son service.

Voici ce qu'écrit Cameron de la richesse du bassin du Congo qu'il a traversé :

« Presque tout le pays, du Tanganika à la côte occidentale, est d'une richesse indescriptible. Parmi les métaux, on y trouve le fer, le cuivre, l'argent et l'or ; on y trouve aussi de la houille. Les produits végétaux sont l'huile de palme, le coton, outre quelques espèces de café et de poivre. Les habitants cultivent beaucoup de plantes oléagineuses, telles que l'arachide et la seni-seni. Aussi loin que les Arabes ont pénétré, ils ont introduit le riz, le froment, l'oignon et quelques arbres fruitiers qui paraissent assez bien réussir.

« Les contrées de Bihé et Bailounda sont assez élevées pour comporter une occupation européenne ; elles produiraient tout ce qui peut être cultivé dans le midi de l'Europe. Les orangers que Jenhor Gonçalves a plantés à Bihé, où il a passé plus de trente ans, étaient plus beaux qu'aucun de ceux que j'ai vus en Europe. Les rosiers et les vignes avaient poussé d'une manière exubérante...

STANLEY, SON GUIDE KALOULOU ET SON INTERPRETE SELIM.

« Le centre de l'Afrique présente un système hydrographique susceptible d'être utilisé pour le commerce, et tel qu'on n'en trouve de pareil nulle part ailleurs...... A l'est du pays de Lovalé, il existe des quantités étonnantes d'ivoire ; chez les marchands musulmans de Nyangoué, le prix était de 215 milligrammes de verroterie ou 143 milligrammes de coquillages marins appelés *Cyprea moneta*, par kilogramme d'ivoire. Les caravanes qui partaient de ce point, en quête d'ivoire, achetaient une dent d'éléphant, quel que fût son poids, pour un vieux couteau, un bracelet de cuivre, ou pour tout autre objet inutile qui pouvait séduire les indigènes.

« La tache honteuse de ce beau pays, c'est que la traite des esclaves y persiste, qu'elle est même la base d'affaires considérables, activées par la nécessité de combler les vides des pays dépeuplés par l'ancien commerce des esclaves sur la côte........ Le seul moyen de la faire disparaître, c'est d'ouvrir l'Afrique à un commerce régulier, et, dans ce but, le mieux serait d'utiliser le magnifique réseau des fleuves et des rivières de l'intérieur. »

Les nations civilisées de l'Europe travaillent actuellement à réaliser le vœu formulé en 1876 par Cameron.

## CHAPITRE III.

### Stanley sur le Congo.

Vingt-huit mois après son départ de Zanzibar, Stanley y revenait chargé d'une nouvelle mission ; cette fois, il devait explorer la région des lacs et compléter les travaux de Livingstone et de ses prédécesseurs. Tel était du moins le projet de ceux qui l'envoyaient ; mais les événements allaient forcer Stanley à faire un bien plus long voyage : la traversée du continent africain, et la descente du fleuve Congo, depuis sa source jusqu'à son embouchure.

Le départ de l'explorateur fut décidé d'une façon presque aussi rapide et aussi extraordinaire que son premier voyage à la recherche de Livingstone :

« Je me trouvais dans les bureaux du *Daily Telegraph* (journal de Londres), quand arriva le rédacteur en chef. Nous parlâmes de Livingstone et de la tâche qu'il laissait derrière lui.

— Que reste-t-il à faire ? demanda l'arrivant.

— Le déversoir du Tanganika est encore à trouver, répondis-je. Nous n'avons du lac Victoria que le tracé de Specke, et de certitude à cet égard que pour les points découverts par celui-ci. On ignore s'il y a en cet endroit une seule nappe d'eau ou s'il en existe plusieurs : d'où il résulte que les sources du Nil sont toujours inconnues.

— Si nous vous chargions de résoudre ces différents problèmes ! pensez-vous pouvoir y arriver ?

— Avant ma mort, il y aurait quelque chose de fait, et si je vivais le temps nécessaire à l'accomplissement de ma mission, tout serait fini.

« M. James Gordon Bennett ayant à mes services des droits antérieurs, la dépêche suivante fut expédiée à New-York :

« M. Bennett voudrait-il se joindre au *Daily Telegraph* pour envoyer Stanley en Afrique compléter les découvertes de Burton, Specke et Livingstone ? »

« Moins de vingt-quatre heures après, mon voyage était décidé par cette courte réponse lancée sous l'Atlantique :

« Oui.... Bennett ».

Le 12 novembre 1874, Stanley quittait l'île de Zanzibar avec une partie de ses recrues, et cinq jours plus tard, le 17, il s'éloignait de Bagamoyo à la tête d'une caravane composée de trois cent cinquante-six individus de race noire, et de trois Européens : Baker, Frank et Edouard Pocock.

Nous ne suivrons pas Stanley dans son voyage de la côte orientale de l'Afrique au Tanganika : ce serait trop nous écarter de notre sujet. Qu'il nous suffise de dire que la route fut pénible, qu'il eut à soutenir plusieurs combats contre les indigènes, à surmonter des difficultés, à vaincre des obstacles qui eussent fait reculer les hommes les mieux trempés ; de plus, il eut à déplorer la mort de deux Européens, Edouard Pocock et Baker.

Le 27 mai, Stanley arrivait avec sa troupe à Oudjiji, s'y reposait quelques jours, et le 13 juin, laissant ses hommes sous les ordres de Frank, il partait avec

PORTAGE DE LA *Lady Alice*.

onze canotiers pour faire le tour du lac Tanganika, sur son bateau, la *Lady Alice* : bateau spécial, construit à Londres sur les plans du voyageur; cette embarcation, qui pouvait contenir une trentaine d'hommes, se démontait en plusieurs morceaux et était portée à dos d'hommes depuis le départ de la côte. « La barge était une de mes inventions. Faite en bois de cèdre de trois huitièmes de pouce d'épaisseur, elle aurait quarante pieds de long, six de large, deux et demi de profondeur. Quand elle serait finie, on la diviserait en six fragments; si les sections étaient trop lourdes, on les scierait par la moitié pour les rendre portatives. »

La *Lady Alice*, montée par son équipage ordinaire, fut lancée sur le lac. « L'insolente petite barge, qui a fouillé tous les plis du Victoria, s'écrie Stanley, franchi les plaines et les ravins de l'Ounyoro, filé gaiement sur les petits lacs bruns du Karagoué, passé les rivières à crocodiles de l'Ouvinnza, est maintenant sur les eaux bleues du Tanganika. »

Le 31 juillet, Stanley revenait à Oudjiji, après une absence de cinquante et un jours, pendant lesquels il avait parcouru plus de huit cents milles, explorant le lac dans tous ses replis. Ce qu'il cherchait surtout, c'était le déversoir des eaux du lac, parce que, en suivant le déversoir, il était sûr d'atteindre le grand fleuve; un instant il crut le trouver dans la rivière *Loukouga*. « Rapprochés de l'assertion de Cameron, écrivait-il, tous les renseignements que je recueille sur cette rivière, cette crique ou cette entrée, sont incompréhensibles. Les vieillards et les chefs disent d'une manière formelle que le Loukoueghai, venant de l'est, rencontra jadis la Loukouga, venant du couchant, et que de leur union naquit le Tanganika. La bonne intelligence avait toujours régné entre les deux époux; mais il paraît que, depuis quelque temps, là Loukouga a des caprices, des bouderies ; en d'autres termes, que pendant la saison pluvieuse elle apporte au lac une grande quantité d'eau ; puis, que, dans la saison sèche, elle va à l'occident et roule vers le Kamolonndo, sous le nom de Rouindi ou Louindi.

« Jusqu'au mois de mars 1876, un banc de terre ou de vase, de plusieurs centaines de pas de large, séparait, dit-on, le Louindi de la Loukouga ; mais les pluies de la même année réunirent les deux rivières ; de là, un conflit d'opinions. Le chef prétend qu'il me fera voir, à n'en pas douter, l'eau se dirigeant vers le lac, et aussi l'eau coulant en sens contraire. Il est évident qu'une crise dans la nature des choses se prépare ou qu'elle est en train de s'opérer. »

Le lendemain, M. Stanley tenta lui-même l'expérience : une baguette jetée dans la rivière fut entraînée vers l'ouest ; mais, ayant renouvelé l'essai le 17, il trouva au contraire que le courant ramenait la baguette vers le lac. Cependant, M. Stanley resta convaincu qu'autrefois la Loukouga était le déversoir du Tanganika ; que, par suite d'une baisse survenue dans le niveau des eaux du lac, ce déversoir avait cessé un instant d'exister, mais que, « maintenant que la grande auge produite par le tremblement de terre qui fractura le plateau, commence à déborder, la Loukouga va reprendre son ancien rôle d'émissaire et convoyer le trop-plein du Tanganika dans la vallée de la *Loualaba*, d'où la rivière de Livingstone le portera dans l'Atlantique ».

D'après les calculs faits par M. Stanley pendant

cette navigation, le Tanganika mesure en longueur trois cent vingt-neuf milles géographiques (six cent neuf kilomètres). Sa largeur varie de dix à quarante-cinq milles en moyenne, ce qui donne une superficie de neuf mille deux cent quarante milles carrés (14,857 kil. carrés). Dans un sondage fait au centre du lac, la sonde n'a pas touché le fond à douze cent quatre-vingts pieds.

A son retour à Oudjiji, Stanley trouva son escorte décimée par une épidémie de petite-vérole, et son lieutenant Frank Pocock très malade de la fièvre. Il fallait quitter au plus vite ce foyer d'infection : le 25 août, il se remettait en marche et arrivait le 12 octobre au sommet d'une rampe, d'où il découvrait le *Loualaba*.

« Le mystère que depuis tant de siècles la nature cachait à la science attendait qu'on le dévoilât. J'avais suivi la *Louama* pendant deux cent vingt milles ; je la voyais s'unir au fleuve superbe dont elle constitue l'une des sources ; ma tâche était maintenant de suivre le fleuve, de le suivre jusqu'à la mer. »

Pendant plusieurs jours, Stanley dut rester à Mouana Mammba, dans l'impossibilité de poursuivre sa route, éprouvant de la part des chefs la même opposition que Cameron. Là, le même Tipo-Tipo, que Stanley appelle Tipou-Tib, faisait des difficultés pour lui fournir l'escorte nécessaire à la continuation de son voyage ; il essayait par tous les moyens de lui faire abandonner son projet de descendre le fleuve, et voulait l'emmener par la route suivie par Cameron.

Enfin, à des conditions fort onéreuses, Stanley obtint le nombre de porteurs indispensable et l'escorte commandée par Tipou en personne; mais, avant de signer le traité et d'accepter les clauses léonines que lui imposait le traitant, il voulut consulter son ami et lieutenant Frank Pocock.

« Après le dîner, ayant, comme à l'ordinaire, versé l'huile de palme dans deux pots, où étaient des mèches de coton, j'allumai les lampes, et, entre la pipe et le café, que nous prenions toujours ensemble, je dis à Frank :

— J'ai à vous parler de choses sérieuses : notre destinée, celle de tous nos hommes dépend de la décision que je vais prendre.

« Je lui racontai alors où j'en étais avec Tipou ; je lui montrai tous les périls qui nous attendaient ; je lui rappelai tous ceux que nous avions courus, mais aussi la manière dont nous les avions surmontés.

— Et maintenant, Frank, quelle est votre opinion?

— En avant! dit-il.

— Réfléchissez, mon ami ; la chose est grave. Ne pourrions-nous pas explorer le pays qui est au levant de la route de Cameron?

— Oh! Monsieur, rien n'est tel que la rivière.

— Mais le Lincoln, le Kamolonndo, le Bemmba toute la contrée qui va jusqu'au Zambèze?

— Ah! c'est un beau champ d'exploration, et peut-être les indigènes ne sont-ils pas aussi féroces.

— Oui, mais, comme vous le disiez tout à l'heure, rien n'est tel que cette énorme rivière qui coule pendant des centaines, peut-être des milliers de milles, dont on ne sait pas un mot. Imaginez, par exemple, qu'ayant acheté ou construit des canots, nous descendions le fleuve, et nous arrivions soit au Nil, soit à un grand lac situé vers le nord, soit à l'Océan. Quel bienfait pour l'Afrique ! Vous figurez-vous des steamers remontant le Congo jusqu'au lac Bemmba, remontant toutes les grandes rivières que reçoit le fleuve ?

— Eh bien ! Monsieur, à pile ou face.

— Voilà une roupie : face pour la rivière, pile pour le sud.

Frank tendit sa main, sa figure rayonnait. La pièce retomba.

— Pile ! dit Frank d'un air désappointé.

— Recommençons.

Même résultat : six fois pile !

— Tirons à la courte paille, Monsieur.

— Très bien ! la courte pour le sud, l'autre pour le Loualaba.

Le sud gagna toujours.

— Inutile de continuer, Frank ; suivons notre destinée, en dépit du sort. Avec votre aide, je descendrai la rivière.

— Comptez sur moi, M. Stanley. »

Le 5 novembre 1876, la colonne se mettait en marche vers la sombre forêt du Manyena, qui commence au bord du fleuve et décrit une courbe vers le sud-est, où elle va se perdre à l'horizon. La caravane suivait la rive droite du fleuve, afin que la courbe que celui-ci pouvait décrire vers le Nil ne pût échapper aux yeux des voyageurs ; ils s'engageaient dans le grand inconnu.

Bientôt ils atteignirent l'Ouréga, ou pays de la forêt ; alors commencent les marches dans la jungle humide, dans la forêt, où le bois est tellement haut et touffu que, par instant, l'obscurité est complète ; le fourré tellement impénétrable qu'il faut s'y frayer un chemin à coups de hache. « Notre bande n'est plus cette colonne serrée qui faisait mon orgueil. Chacun de nous se traîne comme il peut sous ce bois. La route est si glissante que tous les muscles sont forcés d'agir. Les orteils saisissent le terrain et s'y cramponnent, la tête porte le fardeau, les mains déchirent le fourré, les coudes écartent les tiges. Hier, les porteurs de la barque se sont tellement plaints que j'ai organisé un corps de pionniers pour leur ouvrir une passée à coups de hache. » Le 17, ils arrivaient à l'embarcadère de Kammpounzou, où on devait traverser le fleuve pour suivre la rive gauche, sur laquelle le terrain est moins boisé. A cet endroit, le Loualaba change de nom ; Stanley l'appela *Livingstone*.

Le lendemain, on commença la traversée du fleuve ; il fallut une journée entière pour faire passer cinq cents personnes d'une rive à l'autre; puis on reprit la marche, le gros de la colonne sur la rive gauche, Stanley et quelques hommes descendant la rivière dans la *Lady Alice*. A mesure qu'on avançait, le chemin devenait de plus en plus pénible. « La marche à travers bois et jungle, la fatigue, les privations, les souffrances qui en résultaient, amenaient la maladie. » Il fallut embarquer les infirmes dans de vieux canots abandonnés qu'on répara à la hâte. Puis vinrent les premiers rapides; les embarcations étaient mises à sec sur la rive, portées de l'autre côté de la chute et remises à flot; mais les populations se montraient hostiles : tantôt, montés dans d'immenses pirogues, les indigènes essayaient d'arrêter les voyageurs; tantôt, embusqués dans les épais fourrés qui bordent le rivage, ils attaquaient les hommes pendant le portage des canots pour éviter les cataractes. Il fallait se frayer un chemin et repousser à coups de fusils les féroces assaillants.

Après quelques jours, Stanley dut se convaincre que le chemin du bord du fleuve n'était plus praticable. Tipou et l'escorte qu'il commandait venaient d'abandonner la colonne. Stanley, réduit à ses propres forces, au milieu d'une population nombreuse, ne pouvait diviser sa troupe; il acheta donc vingt-trois canots, y embarqua tout son monde et reprit sa route vers l'inconnu.

A partir de ce jour, ce furent des combats continuels; le fleuve, encombré d'îles habitées, se couvrait de grandes pirogues de guerre qui attaquaient la flottille de Stanley; bien souvent, il put éviter un ennemi trop nombreux en se dissimulant derrière les îles; mais bien souvent aussi il dut livrer bataille.

Le combat le plus terrible fut celui des bouches de l'Arouwimi :

« Le nombre des canots ennemis est de cinquante-quatre, écrit Stanley ; l'un d'eux a sur chaque bord quarante rameurs qui pagayent debout, au son d'un chant barbare ; c'est lui qui conduit la flotte. A l'avant est une plate-forme qui porte dix jeunes guerriers coiffés de plumes cramoisies de perroquet à queue rouge. Huit hommes placés à l'arrière gouvernent l'embarcation avec de longues pagaies. Entre ces deux groupes, dix personnages qui paraissent être des chefs, exécutent une danse guerrière. Toutes les pagaies sont surmontées de boules d'ivoire ; tous les bras ont des anneaux, également en ivoire, que chaque mouvement fait briller ; toutes les têtes sont couronnées de plumes.

« Le bruit écrasant des tambours, celui de cent trompes d'ivoire, le chant de deux mille voix sauvages ne sont pas faits pour calmer nos nerfs ; mais nous n'avons pas le temps d'y penser. Le grand canot se précipite vers nous, les autres le suivent, font jaillir l'écume autour d'eux.

— Enfants, tenez ferme, attendez le premier coup, et après cela, visez juste !

« Le canot monstre fond vers la *Lady Alice*, qu'il semble vouloir couler ; puis, arrivé à moins de vingt-cinq brasses, il se détourne et lui envoie une bordée de lances. Tous les bruits sont couverts par la fusillade.

« Qu'arrive-t-il ? Nous sommes trop absorbés par le grand canot pour le savoir ; mais, au bout de cinq minutes, nous voyons l'ennemi reformer ses lignes en avant. Notre sang bouillonne. Nous levons l'ancre et nous les poursuivons. A un détour de la rivière, nous voyons leur village. Ils ont abordé, nous gagnons la berge, nous nous battons dans les rues, nous en chassons l'ennemi ; ce n'est qu'après l'avoir rejeté dans les bois qu'on sonne la retraite. »

L'expédition livra ainsi trente-deux combats avant d'atteindre un endroit où le fleuve s'élargit subitement et forme un étang immense ; Frank Pocock l'appela *Stanley-Pool*, et donna le nom de *Dover Cliffs* aux collines qui l'entourent. On était au 12 mars 1877.

« Le 12, dit Stanley, la rivière s'élargit par degrés jusqu'à former une nappe que mes hommes qualifièrent du nom d'étang ; en face de nous, des îles sableuses formaient une espèce de plage ; à droite, une longue file de rochers blancs, pareils aux falaises de Douvres, était couronnée d'herbages qui la faisaient tellement ressembler aux dunes du Kent, que Frank s'écria avec enthousiasme : « C'est un coin de l'Angleterre ! » Il prit ma lunette, escalada la partie la plus haute des dunes, examina ce curieux endroit et vint me trouver.

— C'est bien un étang, me dit-il ; un bassin entouré de montagnes.

« Et comme je le priais de le baptiser, il demanda pourquoi on ne l'appellerait pas *Etang de Stanley*, et ses collines *Dover Cliffs* ?

« Plus tard, me rappelant ces paroles, j'ai conservé le nom de Stanley à cette expansion lacustre du fleuve.

Un mois après, pour franchir les chutes de l'Im-

CAMPEMENT A L'ENTRÉE DE STANLEY-POOL.

kissi, il fallut mettre les canots à terre et faire un portage sur un plateau de douze cents pieds d'élévation. Ce jour-là, la *Lady Alice*, montée par Stanley et son brave patron Ouledi, faillit se perdre dans la cataracte.

« Le 10 avril, nous sortions de la baie de Gammfoué, ayant devant nous le rapide auquel la *Lady Alice* a donné son nom. Ici la rivière, après avoir fait un saut qui précipite sa course, rencontre un ilot de granit transversal. Arrêté par cette digue, le flot se rue de chaque côté en vagues horizontales, qui viennent se heurter au centre, et qui, montant les unes sur les autres, forment une rampe écumeuse.

« Des câbles très forts furent attachés à l'avant et à l'arrière du bateau, où j'entrai avec cinq de mes hommes. A notre droite, un entassement à pic de blocs énormes se terminait, à trois cents pieds d'élévation, par une terrasse; derrière les banquettes s'élevaient des collines, soutènement du plateau qui dominait le fleuve d'une hauteur de douze cents pieds. Sur la gauche, à une distance seulement de deux cents brasses, se dressait une prodigieuse falaise couronnée d'une forêt, et flanquée, à sa base, d'une ligne de trois ilots rocheux, contre lesquels le fleuve allait se briser en lames mugissantes.

« A peine approchions-nous des rapides, que, par suite d'un relâchement du câble de l'arrière, le courant arracha le bateau des mains de ceux qui le retenaient.

— A vos rames, enfants! Ouled, au gouvernail!

« Debout à l'avant, je le guidais de la main ; la voix ne pouvait lutter contre le tonnerre des chutes.

« Jamais rochers n'ont été plus hauts, plus sourcilleux ; jamais ils n'ont révélé plus d'horreur qu'en ce moment où la *Lady Alice*, jouet de la furie des eaux tourbillonnantes, était fouettée comme une toupie, lancée d'un côté à l'autre, plongée dans un gouffre qui la rejetait sur une crête blanche, d'où elle retombait dans le gouffre suivant. Quelles sensations produites en nous par cette force implacable ! Quels éclairs jetés dans notre passé ! Quel sentiment de notre impuissance ! »

« ..... Tout à coup, un bruit sourd, pareil à celui d'un tremblement de terre, nous fit regarder en bas : le fleuve se gonflait comme si un volcan eût soulevé ses eaux. La barque monta au sommet du tertre liquide ; devinant ce qui allait avoir lieu, je criai : « Nagez ». Des coups de rames frénétiques nous firent descendre le monticule ; et avant qu'il fût remplacé par l'entonnoir habituel, nous étions emportés en aval des rapides. »

Quelques jours auparavant, un canot monté par Kaloulou, le préféré de Stanley, était englouti dans un précipice, et tout son équipage noyé.

Le 3 juin, Frank, qui souffrait horriblement de la fièvre et d'une blessure au pied, se fit, malgré la défense de Stanley, porter dans le canot le *Jason*. « Manoua Sera, Ouledi, tout le monde l'avait supplié de ne pas s'aventurer, lui infirme, dans cette mauvaise passe. Mais il les avait repoussés avec l'impatience d'un ma-

LA *Lady Alice* DESCENDANT LES RAPIDES.

lade; et il était parti. A Massassa, Ouledi ayant escaladé la falaise, était revenu dire qu'il n'y avait pas moyen de passer. Frank n'avait pas voulu le croire, et s'irritant des objections qui lui étaient faites, lui qui jusque-là n'avait pas trouvé de termes assez forts pour faire l'éloge de ceux qui l'accompagnaient, lui avait répondu :

— Si j'avais avec moi des blancs, nous passerions ; mais vous avez peur.

— Petit maître, avait répliqué Ouledi piqué au vif, voici mes mains ; je n'ai pas assez de doigts pour compter le nombre d'hommes que j'ai sauvés de cette rivière ; comment pouvez-vous dire que j'ai peur ?

Et se tournant vers ses camarades :

— La mort est là : voulez-vous montrer que les noirs savent mourir comme les blancs ?

La réponse avait été unanime.

L'instant d'après, ils étaient emportés vers les chutes. Réveillé de son illusion par le tonnerre croissant de la cataracte, Frank s'était levé. Le moment d'angoisse et de regrets était venu.

— Tenez-vous au canot, prenez le câble, tenez ferme ! criait-il en déchirant sa chemise pour nager plus librement.

Avant qu'il l'eût arrachée, le canot était dans l'abime, qui se refermait sur lui. Puis une vague avait remonté du gouffre, ramenant le *Jason*, auquel se cramponnaient des hommes suffoqués.

Lorsqu'ils avaient repris leurs sens, ils n'étaient plus que huit.

Tout à coup, près d'eux, avait surgi une nouvelle masse d'eau, soutenant une forme humaine d'où était sorti un gémissement. Oubliant le tourbillon qui venait de le saisir, la mort à laquelle il venait d'échapper, Ouledi s'était précipité, les bras étendus, vers ce corps flottant ; mais, avant d'avoir pu l'atteindre, Ouledi était ressaisi par le gouffre. L'abime l'avait rejeté une seconde fois, et, défaillant, il avait regagné la rive, sans avoir revu Frank. »

Cet événement tragique plongea Stanley dans un morne désespoir, dont put seule l'arracher la nécessité de pourvoir au salut de sa troupe, et de lutter contre le découragement qui s'emparait des hommes de l'escorte; près d'atteindre le but, ils refusaient d'aller plus loin.

Enfin, le 4 août, après *trente-deux mois* de marche, les débris de l'expédition arrivèrent à N'sannda. Stanley résolut de s'arrêter là et d'envoyer une lettre à Emmboma, petit établissement européen. Il écrivit la lettre suivante :

« *A n'importe quel gentleman résidant à Emmboma et comprenant l'anglais.*

« Village de N'sannda, 4 août 1877.

« Cher Monsieur,

« J'arrive de Zanzibar avec cent quinze personnes ;
« nous mourons de faim; les indigènes refusent
« notre étoffe, nos perles, notre fil métallique; c'est

« pourquoi je m'adresse à vous. Je ne vous connais
« pas, mais j'entends dire qu'il y a à Emmboma un
« Anglais; en votre qualité de chrétien et de gentle-
« man, vous ne repousserez pas ma requête. J'ai besoin
« de douze cents yards de cotonnade, plus encore de
« douze ou quinze charges de grain; et il faut que tout
« cela m'arrive dans deux jours, ou les morts seront
« nombreux. Je réponds naturellement du prix de
« tous les objets demandés, je réponds de la dépense
« qui sera faite.

« Henry M. STANLEY,
« Commandant l'expédition anglo-américaine
pour l'exploration de l'Afrique ; celui qui a
retrouvé Livingstone en 1871. »

La même lettre fut écrite en français et en espagnol et portée par Ouledi et deux autres. Le surlendemain, couchés sur la route, près de mourir d'inanition, tous ces malheureux fouillaient l'horizon pour découvrir le messager. Il arriva enfin.

« — Je vois Ouledi, Katchetché et beaucoup d'hommes qui les suivent ! cria tout à coup la voix perçante d'un enfant.

« De noirs squelettes surgirent de l'herbe; tous les yeux se dirigèrent vers le même point.

« — C'est vrai! Nous sommes sauvés! Ouledi est un lion.

« Effectivement, Ouledi et Katchetché arrivaient à grands pas, montrant la lettre qu'ils apportaient et que j'eus bientôt dans les mains. Tous se pressèrent pour en entendre la lecture, puis le récit de Katchetché, plus habile à manier la parole qu'Ouledi.

« Pendant ce temps-là, les vivres approchaient. Mes pauvres épuisés coururent au-devant des porteurs, qu'ils déchargèrent, prenant les sacs de riz, les paniers de poisson, les paquets de tabac, les jetant avec une vigueur incroyable, et déposant avec soin une dame-jeanne où il y avait du rhum.

« Tandis que Maurabo improvisait un chant de triomphe où les cataractes, la forêt, les cannibales, la famine, la dureté des indigènes se mêlaient aux louanges données aux frères du maître, qui nous rachetaient de « l'enfer de la famine », les enfants et les femmes allaient chercher de l'eau, chercher du bois ; les capitaines éventraient les sacs ; chaque tablier, chaque sébille recevait sa part.

« — Chantez, amis ! chantez, le voyage est fini.

« — Chantez, amis ! chantez fort ; voici la grande mer ! répétait le chœur avec vitesse.

« Je regagnai ma tente, accompagné d'Ouledi, du chef des porteurs et de Katchetché. Celui-ci, le regard plein d'affection, me présenta alors des bouteilles mystérieuses, attachant sur ma figure son œil pénétrant pour jouir de ma surprise : Pale ale, Xerès, Porto, Champagne. Et du pain, du pain de froment pour toute la semaine ! Puis du beurre, du thé, du café, du sucre, des sardines, du saumon, du plum-pudding, des confitures, du raisin et des pêches...

« Après le repas, les balles de cotonnades furent ouvertes et les haillons jetés au feu. Les membres décharnés, les os saillants disparurent sous l'étoffe blanche ou la perse aux vives couleurs ; mais il fallait des mois avant que les joues creuses, les traits haves eussent recouvré cette belle teinte de bronze qui distingue l'Africain bien nourri.

« Le lendemain 9 août 1877, *neuf cent quatre-vingt-dix-neuf jours* après avoir quitté Zanzibar, nous partimes pour Emmboma.

« Sur la route apparut une file de hamacs. L'instant d'après, j'étais en face de quatre hommes blancs ; je rougis de la surprise que me causa leur pâleur. Pauvres Africains ! J'eus le secret de leur curiosité, de leur étonnement à la vue de ma figure spectrale. La blancheur de ces Européens me donnait une sorte de frisson ; et pourtant, comparé à ce que je vois aujourd'hui, leur teint brûlé par le soleil était franchement olivâtre. »

Deux jours après leur arrivée à Emmboma, Stanley et toute sa suite s'embarquaient sur un vapeur qui, descendant le fleuve, les conduisait à Kabinda.

Stanley rapatria tous ses hommes, et, le 13 décembre, s'embarqua à Zanzibar, à bord du *Pachumba*, pour gagner Aden, et de là l'Europe.

Le problème était maintenant résolu : le fleuve Congo ne venait pas du nord, comme l'indiquait la première partie de son cours ; il n'avait pas avec le Nil de sources communes, et son bassin était distinct de celui du Zambèze.

Le problème était résolu : avec la connaissance du fleuve, Stanley apportait des détails sur tous ces territoires inconnus et sur les féroces tribus qui les peuplent ; tribus anthropophages, contre lesquelles, malgré son ardent désir de ne pas répandre le sang, il avait dû lutter les armes à la main.

Pendant que Stanley traversait l'Afrique, S. M. Léopold II, roi des Belges, réunissait, le 12 septembre 1876, une conférence géographique pour jeter les bases de l'*Association Internationale Africaine*, « dont le but était d'explorer les parties inconnues de l'Afrique, de faciliter l'ouverture de voies qui fissent pénétrer la civilisation dans l'intérieur du continent africain, et de rechercher des moyens efficaces pour amener la suppression de la traite des noirs ».

La conférence déclara qu'il fallait constituer une *commission internationale d'exploration et de civilisation de l'Afrique centrale*, et des *comités nationaux* qui se tiendraient en rapport avec la commission, pour centraliser, autant que possible, les efforts faits par les voyageurs de tous les pays.

A la suite de cette première décision, des comités nationaux s'établirent en Allemagne, en Autriche-Hongrie, en Belgique, en Hollande, en Espagne, en Italie, en France, en Russie et aux Etats-Unis. L'Angleterre s'abstint : la Société de Géographie de Londres, pensant que, « pour la Grande-Bretagne, l'exploration de l'Afrique serait plus efficacement continuée et que les fonds seraient plus facilement réunis par une entreprise nationale séparée, que par une association internationale ».

La Belgique envoya aussitôt une expédition qui devait gagner le Tanganika ; elle allait partir, lorsqu'on apprit en Europe que Stanley avait découvert un fleuve qui ouvrait un chemin naturel à travers l'Afrique, par la côte occidentale. Le roi Léopold fonda le Comité d'études du haut Congo.

Stanley se trouvait tout naturellement désigné, par son habileté et son énergie, pour diriger la nouvelle entreprise.

Au mois d'avril 1879, Stanley arrivait à l'embouchure du Congo, à la tête d'une forte expédition ; cette fois, ce n'était pas seulement en explorateur qu'il allait remonter le fleuve ; il avait une autre mission à remplir : fonder des stations commerciales sur ses rives.

Le premier établissement fut créé à *Vivi*, sur la rive droite (janvier 1880). De ce point, et pour éviter les chutes, Stanley traça une route le long du fleuve jusqu'à Isang-ila, où il fonda une autre station, au commencement de 1881 ; puis à Manyanga. Le Congo n'étant plus navigable, Stanley continua d'ouvrir un chemin jusqu'à Stanley-Pool (juillet). Là, il trouva toute la rive droite de l'étang occupée par les Français ; M. de Brazza, dont nous raconterons les voyages au chapitre suivant, envoyé par le comité français, avait obtenu du chef Makoko la reconnaissance de la souveraineté de la France sur toute la rive droite du Stanley-Pool, et la cession, en toute propriété, du pays compris entre la rivière Gordon Bennett, qui se jette dans le Congo, à l'extrémité de l'étang, et Empila.

« Nous étions arrivés depuis trois heures à peine au village de Bwa-bwa Njali, écrit M. Stanley, quand nous vîmes s'approcher un drapeau français précédé par un nègre *européennisé*, de belle prestance, vêtu du costume bleu des marins; ses manches étaient ornées des galons de sous-officier. C'était *Malamine*, le sergent sénégalais, laissé par M. de Brazza à la garde de son territoire. Il était accompagné de deux marins gabonnais en uniforme; l'un d'eux portait le drapeau.

« Malamine parle bien français; il me souhaita la bienvenue en termes dignes et courtois. Après un échange de quelques paroles, le sergent me présenta un papier, qui n'était autre que le traité par lequel un certain chef, du nom de Makoko, cédait à la France un territoire s'étendant depuis la rivière Gordon Bennett jusqu'à Empila, sur la rive septentrionale de l'étang. Par cet acte, M. de Brazza notifiait et faisait savoir à tous ceux que de droit qu'il prenait possession du territoire au nom de la France.

« Malamine connaissait tous les détails de la transaction. Makoko avait été généreux : en échange de quelques cadeaux sans importance, il avait cédé à la France un territoire d'une étendue de neuf milles (14 kilomètres et demi) sur les bords de Stanley-Pool, et dont les limites, dans l'intérieur, n'étaient pas fixées.

« Le sergent me dit qu'il n'avait pas d'autres instructions que de montrer le traité à tous les Européens qui s'approcheraient de l'étang.

« Comme il était tard, le sergent Malamine et son

escorte couchèrent dans notre camp, et par l'intermédiaire de mes domestiques, je fus bientôt au courant de tout ce qui se passait de l'autre côté du Gordon Bennett.

« Le lendemain matin, le sergent retourna sur son territoire, et à une heure nous nous préparâmes à le suivre, conformément à l'invitation qu'il nous avait faite au nom de son maître.

« Il résulte des très courtes relations que j'ai eues avec le sergent Malamine que, quoique Sénégalais, c'est un homme supérieur. Il était bien dans son élément au milieu de ces Africains d'un rang inférieur au sien, et il exécutait les instructions de son chef avec tact et intelligence. »

M. Stanley passa sur la rive gauche, et fonda Léopoldville en face et au-dessous de Brazzaville, puis *Kintchassa* et *Kimporo* sur les bords de l'étang.

C'est au moment de la création de ce dernier poste que M. Stanley eut avec Makoko plusieurs entrevues, pendant lesquelles il essaya d'obtenir des territoires sur la rive droite, et tenta de décider le roi de nous retirer les terrains concédés. Toute son habileté et sa diplomatie n'amenèrent aucun résultat, Makoko fut inébranlable.

M. Stanley lança sur le fleuve son canot à vapeur le *En-Avant*, battant pavillon *belge*; il remonta le Congo jusqu'à Stanley-Falls, créant des stations à l'abri du drapeau *belge*, les peuplant de *Belges*, en donnant la direction à des officiers *belges*. D'internationale qu'elle était, l'association menaçait de devenir exclusivement belge.

Non seulement elle établissait sa souveraineté sur des pays qui eussent dû rester indépendants, mais, par ses traités, elle contraignait les chefs à prendre l'engagement de repousser par la force les attaques dont *elle* pourrait être l'objet de la part d'intrus de *n'importe quelle couleur*.

Nous n'avions, assurément, rien à craindre des Belges; mais derrière eux, et surtout derrière leur chef, se cachaient les Anglais. Pour ne pas mentir à son origine, M. Stanley, dans tous ses actes, n'avait qu'un but : nuire à la France, empêcher l'exécution du traité conclu avec Makoko, et nous laisser le moins de territoires possible.

Du reste, des compétitions, des questions politiques que nous n'avons pas à rappeler ici, menaçaient de créer, à propos du Congo, des complications dangereuses, et de mettre cet Etat indépendant sous la main de l'Angleterre. Il fallait couper court à cette situation, régler la position des puissances intéressées, tracer les limites de chacun et rétablir l'indépendance du Congo; cette mission fut accomplie par la conférence européenne réunie à Berlin le 15 novembre 1884.

Pendant les explorations qu'il poussa sur le haut Congo, avant son rappel en Europe, M. Stanley découvrit le lac Léopold II et reconnut le cours d'un certain nombre des affluents du grand fleuve.

M. SAVORGNAN DE BRAZZA.

# CHAPITRE IV.

**Marche. — De Compiègne. — Savorgnan de Brazza.**

Pendant que le lieutenant Cameron traversait le bassin du Congo, et que Stanley relevait le cours du grand fleuve, et créait des établissements, des voyageurs français exploraient le cours de l'Ogôoué, qui se jette dans l'Océan Atlantique, au sud du cap Lopez, à quatre degrés au nord du Congo, et trouvaient un chemin conduisant vers ce fleuve ; ils créaient le Congo français.

Le bas Ogôoué était exploré, mais il restait à résoudre le problème de son origine : venait-il des grands lacs du centre de l'Afrique, et, si on le remontait, trouverait-on là une nouvelle route pour pénétrer au cœur du continent mystérieux ? ou bien, n'était-il qu'un bras immense détaché du Congo ?

Poussés par l'ardent désir de trouver une réponse à ces diverses questions, deux de nos compatriotes, le marquis de Compiègne et Alfred Marche, entreprirent, en 1872, de remonter le cours du fleuve pour pénétrer jusqu'aux grands lacs et rejoindre Livingstone, sur le sort duquel on n'était pas encore fixé en Europe.

Ils partirent donc, subventionnés par M. Bouvier, naturaliste à Paris, qui leur avait ouvert un crédit illimité, à la seule condition que le produit de leurs chasses et de leurs collections lui serait réservé.

Le 9 janvier 1872, grâce à deux chefs indigènes, amis personnels des voyageurs, ceux-ci purent commencer leur aventureux voyage. L'expédition se composait de trente Inengas et cinquante Gallois montés sur quatre pirogues ; ils avaient pris l'engagement de les conduire à Lopé, point extrême atteint par le docteur allemand Lenz. Ils y arrivèrent le 21 janvier, après bien des difficultés suscitées par leurs équipages. Ils firent là un séjour de cinq semaines, tant dans le but d'étudier les pays environnants, que pour recruter les hommes nécessaires à la continuation de leur voyage. Ils réussirent à enrôler cent vingt Okandas, qui s'engageaient à les conduire dans le pays des Madounas, éloigné de vingt journées de canotage.

L'expédition se mit de nouveau en route le 28 février ; mais, après treize jours de marche, elle fut attaquée par les Ossyebas, écrasée sous le nombre, et obligée de fuir. Harcelés, et même poursuivis par les indigènes des pays qu'ils venaient de traverser, et dont ils avaient reçu bon accueil quelques jours auparavant, c'est au milieu de périls sans nombre que les voyageurs réussirent à gagner Lopé, après avoir atteint un point nommé Ivondo, situé par 10° 7' de longitude.

Nos compatriotes ne purent mettre à exécution le hardi projet qu'ils avaient formé de recommencer leur entreprise. Rentrés en France, ils se trouvèrent séparés : le marquis de Compiègne, nommé secrétaire de la Société khédiviale de géographie, se rendit au

Caire ; il fut tué en duel peu de temps après. M. Marche, resté seul, se joignit, en qualité de naturaliste, à l'expédition qu'organisait M. Savorgnan de Brazza, enseigne de vaisseau, et qui avait pour but l'exploration du cours de l'Ogôoué.

Cette expédition se composait de M. de Brazza, du docteur Ballay, de M. Alfred Marche et d'un second maître de marine nommé Hamon. Partie de Bordeaux en août 1875, la mission ne devait rentrer en France que trois ans plus tard, après avoir fait d'importantes découvertes sur le véritable cours de l'Ogôoué, et surtout au point de vue de la connaissance des régions où conduit ce fleuve.

L'expédition se dirigea sur le Gabon, où elle arriva vers la fin de 1875, après avoir touché au Sénégal, où elle s'augmenta de treize *laptots* (1) et de quatre Gabonnais. Les voyageurs se rendirent immédiatement à Lambaréne, limite extrême des factoreries européennes sur le bas Ogôoué. Arrêtés par la maladie, ils durent attendre que le rétablissement de leurs forces leur permît de commencer la partie vraiment difficile de leur tâche. Après de longues négociations et d'interminables *palabres* (2), les explorateurs finirent par obtenir une centaine de rameurs et huit grandes pirogues. On fut contraint de laisser en arrière le docteur Ballay, malade de la fièvre. MM. de Brazza et Marche partirent seuls pour remonter le fleuve.

---

(1) *Laptot*, soldat indigène du Sénégal.
(2) *Palabre* : Conseil des chefs des tribus réunis pour discuter les affaires extraordinaires.

Nous ne raconterons pas ici toutes les misères qu'ils eurent à souffrir, tous les empêchements qu'ils durent surmonter dès les débuts de leur entreprise ; les vicissitudes étaient cruelles, les obstacles semblaient insurmontables.

Ils arrivèrent enfin dans le pays des Okandas, où M. de Brazza établit son quartier général. Le docteur Ballay, resté chez les Bakalais, reçut l'ordre de rallier l'expédition et d'amener avec lui les marchandises d'échange restées en arrière. Au moment de son arrivée, alors que les voyageurs croyaient pouvoir se remettre en route, les Okandas, qui primitivement avaient promis leur concours, refusèrent de marcher. De Brazza profita de ce retard forcé, pour visiter les chefs, avec lesquels Compiègne et Marche s'étaient mis en rapports pendant leur premier voyage; il se dirigea à pied sur Lopé. Arrivé là, il rencontra le voyageur allemand Lenz, qui, depuis deux ans dans ces régions, luttait contre la mauvaise volonté des indigènes lui refusant les moyens de continuer sa route ou de retourner sur ses pas. Grâce au secours que lui donna M. de Brazza, le docteur Lenz put revenir en Europe.

Le jeune officier arrivait le 20 juin 1876 à Doumé; mais sa santé était tellement ébranlée qu'il dut y faire un long séjour.

MM. Marche et Ballay, ne voyant pas revenir le chef de l'expédition, se décidèrent à continuer seuls l'exploration du fleuve. Ils atteignirent Ivondo point où, deux ans auparavant, Marche et de Compiègne avaient été contraints de rebrousser chemin ; cette fois encore, les rameurs, n'osant pénétrer sur le territoire des féroces Ossyebas, refusèrent d'aller plus loin ; ils rentrèrent au quartier général.

Retenu à Doumé, M. de Brazza nomma M. Ballay commandant de l'expédition, et chargea M. Marche de pousser une reconnaissance sur l'Ogôoué, jusqu'au delà du point qu'avait atteint le D$^r$ Lenz. L'ami de Compiègne partit, et arriva, le 23 septembre 1876, à 75 kilomètres au delà du point extrême qu'aucun Européen eût jamais atteint.

Pendant ce temps, le docteur Ballay rejoignait de Brazza à Doumé. Quand ce dernier fut guéri, il retourna à Lopé, réunit lui-même tout ce qu'il possédait de marchandises, et, en avril 1877, rejoignit ses compagnons.

C'est à cette époque que Marche, accablé par la maladie, dut se résoudre à quitter l'expédition pour rentrer en France.

MM. Ballay et de Brazza étaient alors sur le point d'entreprendre la deuxième partie de leur expédition. Les conditions se présentaient peu favorables, il est vrai, mais leur résolution était prise, et leur courage inébranlable. Abandonnés par leurs pagayeurs, les membres de l'expédition durent prendre eux-mêmes les avirons ; les rameurs improvisés firent un dur apprentissage ; bien souvent, ils chavirèrent dans les rapides et coururent les plus grands dangers.

Enfin, en juillet 1877, l'expédition atteignit les chutes de Pambara, à partir desquelles l'Ogôoué n'est plus qu'une rivière sans importance ; sa source ne peut certainement être éloignée de là.

La mission avait donc accompli sa tâche : elle avait acquis la preuve que l'Ogôoué n'est pas un bras du Congo. Mais les courageux explorateurs, craignant de n'avoir pas encore assez fait pour la science, résolurent de quitter le bassin de l'Ogôoué, et, se dirigeant à l'est, de gagner le Tanganika et la région du Haut-Nil.

La besogne devenait difficile ; on n'avait plus pour les transports la ressource des pirogues et du trajet par eau : il fallait s'avancer à travers les terres, et trouver des porteurs pour les caisses contenant des objets d'échange. Après de nombreuses tentatives inutiles, M. de Brazza se décida à acheter quarante esclaves.

C'est dans ces conditions que les voyageurs traversèrent successivement le territoire des Oudoumbo, des Umbeti et des Batékés, où il fallut développer autant d'intelligence que de courage et de fermeté, pour empêcher le pillage des caisses par les indigènes.

La colonne atteignit enfin un petit cours d'eau, le N'Gambo, qui bientôt se transforma en une grande rivière : l'Alima. M. de Brazza résolut de descendre l'Alima, qui, suivant les indigènes, se jetait dans une grande rivière. Mais il ne pouvait les croire ; il était persuadé, au contraire, que l'Alima le conduirait aux grands lacs. Ne connaissant pas les découvertes de Stanley, M. de Brazza ne pouvait supposer que le grand fleuve dont on lui parlait était le Congo.

Après un voyage dont nous ne décrirons pas les

TRAVERSÉE D'UNE RIVIÈRE, PRÈS DES SOURCES DE L'OGOOUÉ.

péripéties, M. de Brazza atteignait, le 11 août 1878, trois ans après son départ d'Europe, le Lebaï N'Gouco. Les porteurs refusèrent d'aller plus loin.

Cette rivière descend de collines riches en sel, et son eau est saumâtre. Elle venait encore, dans l'esprit du chef de l'expédition, compliquer le problème de l'hydrographie africaine.

L'expédition rebroussa chemin et rentra en Europe; les voyageurs avaient fait, en pays inconnu, plus de treize cents kilomètres, dont huit cents à pied; ils avaient étudié la faune et la flore d'une riche contrée qu'ils devaient, quelques années plus tard, ouvrir à la civilisation.

A son retour en France, M. de Brazza apprit les résultats du voyage de Stanley; quand il sut que le reporter américain avait descendu le cours du Congo, et qu'il connut la direction exacte de ce fleuve, il comprit que l'Alima était un de ses affluents. Comme il savait, en outre, que, de Vivi à Stanley-Pool, le Congo, sur un parcours de 450 kilomètres à vol d'oiseau, est coupé de nombreux rapides qui empêchent la navigation, il résolut de tourner cet obstacle, et de frayer une voie directe vers le haut Congo, qui est navigable. S'il réussissait dans son entreprise, il ouvrait à nos bateaux à vapeur, à notre commerce et à la civilisation une voie de onze cent milles à travers le pays le plus riche et le plus fertile de l'Afrique.

Le but de l'entreprise avait de quoi tenter M. de Brazza; et puis, le jeune explorateur apprenait que Stanley venait de s'embarquer pour fonder les premiers établissements de l'Association internationale du Congo ; son cœur de Français souffrait à l'idée que sa patrie pourrait ne pas prendre sa part des immenses territoires qui s'offraient à la colonisation ; il ne pouvait assister impassible « à la lutte entreprise par Stanley contre la nature, et peut-être à son triomphe qui assurerait, à notre détriment, la prépondérance des intérêts dont il était chargé ».

Ses vœux allaient être exaucés.

# CHAPITRE V.

### Deuxième voyage de M. de Brazza.

A la fin de 1879, le comité français de l'Association internationale africaine confia à M. de Brazza, à peine remis des fatigues de son premier voyage, la mission de fonder deux stations hospitalières et scientifiques dans les bassins de l'Ogôoué et du Congo.

Le ministre des affaires étrangères le chargeait d'étendre l'influence française dans ces contrées qui déjà étaient l'objet des convoitises de toutes les nations européennes ; ses instructions lui enjoignaient tout particulièrement d'établir « une priorité de droit et d'occupation sur le point le plus rapproché de l'Atlantique, à l'endroit où le Congo commence à être navigable ».

M. de Brazza quitta Liverpool le 27 décembre 1879 et se dirigea sur le Gabon, où il s'occupa d'organiser les moyens de transport et de ravitaillement entre les futurs établissements et la côte; puis il gagna l'Ogôoué, qu'il remonta jusqu'à son confluent avec la Passa ; dans cette contrée « salubre et fertile, habitée par une population dévouée à nos intérêts », il fonda la station de *Franceville*, à huit cent quinze kilomètres du Gabon, et à cent vingt du point où l'Alima, affluent du Congo, devient navigable.

« Cette station, qui offre désormais un refuge respecté aux noirs qui réussissent à se soustraire à l'esclavage, dispose, à un moment donné, de mille à quinze cents pagayeurs, qui peuvent armer quatre-vingt à cent pirogues, et elle reçoit tous les trois mois de quatre-vingt à cent tonnes de marchandises (1) ».

Au commencement de juillet 1880, M. de Brazza quitta Franceville, se dirigeant sur Stanley-Pool, ou N'Tamo. Il eut la bonne fortune de ramener à des dispositions conciliantes les Apfourous, qui, à son premier voyage, l'avaient reçu à coups de fusil. « Sur cet itinéraire de cinq cents kilomètres en pays jusqu'alors inconnus, notre bonne réputation, acquise depuis 1876 dans le haut Ogôoué, nous valut partout, dit M. de Brazza, un excellent accueil des populations Batékés, Achicouyas, Abomas, etc… »

Le roi Makoko, chef des Batékés, sur le territoire duquel se trouvait le voyageur, envoya un de ses grands dignitaires au-devant de lui pour lui servir de guide ; il usa de toute son influence sur la nation des Apfourous, ses voisins, pour faciliter la tâche de M. de Brazza, et terminer les négociations entamées avec ces indigènes. La haine des Apfourous pour les blancs date du passage de Stanley : ils accusent le voyageur américain d'avoir versé inutilement le sang des leurs ; or, comme ces naturels supposent que tous les blancs sont frères, ils voulaient faire payer à Brazza les rigueurs exercées par Stanley.

Après une marche pénible dans le pays des Batékés,

---

(1) Lettre de M. de Brazza.

M. de Brazza aperçut, un soir, à onze heures, le grand fleuve coulant majestueusement à ses pieds « et formant une immense nappe d'eau dont l'éclat argenté allait se fondre et se perdre à l'horizon dans l'ombre des hautes montagnes. « Mon cœur de Français battit plus fort, dit-il, quand je songeai que là allait se décider le sort de ma mission ».

Le roi ayant voulu voir les blancs, M. de Brazza et son escorte firent leurs préparatifs pour se présenter dignement devant le noir potentat.

« Nous ne faisions, ma foi, pas trop mauvaise figure, écrit M. de Brazza. Tandis que le Batéké Ossia allait frapper les doubles cloches de la porte du palais, pour prévenir de l'achèvement de nos préparatifs, je fis faire la haie à mes hommes, qui, suivant l'usage du pays, portaient les armes, le canon incliné vers la terre. Aussitôt la porte s'ouvrit, et M. de Brazza pénétra avec ses gens dans ce qu'il appelle les Tuileries de Makoko, et qui n'était en somme qu'une grande case. Devant les ballots que l'explorateur offrait en présent, de nombreux serviteurs étendirent des tapis et une peau de lion, emblème de la royauté.

« On apporta un plat de cuivre, de fabrication portugaise, sur lequel Makoko devait poser les pieds ; puis un grand dais rouge ayant été disposé au-dessus du trône, le roi s'avança, précédé de son féticheur, entouré de ses femmes et de ses principaux officiers.

« Makoko s'étendit sur sa peau de lion, accoudé sur des coussins ; ses femmes et ses enfants s'accroupirent à ses côtés. Alors, le grand féticheur s'avança vers le roi et se précipita à ses genoux en plaçant, ses mains dans les siennes ; puis, se relevant, il en fit autant avec moi, assis sur mes ballots en face de

LE ROI MAKOKO.

Makoko. Le mouvement de génuflexion ayant été imité successivement par tous les assistants, les présentations étaient accomplies. Elles furent suivies d'un court entretien, dont voici le résumé :

« Makoko est heureux de recevoir le fils du grand

chef blanc de l'Occident, dont les actes sont ceux d'un homme sage. Il le reçoit en conséquence, et il veut que lorsqu'il quittera ses Etats, il puisse dire à ceux qui l'ont envoyé que Makoko sait bien recevoir les blancs qui viennent chez lui, non en guerriers, mais en hommes de paix. »

M. de Brazza resta pendant vingt-cinq jours chez Makoko ; ce prince, qui « ne connaissait les blancs que par la traite des noirs », montra d'abord une certaine défiance ; peut-être aussi se souvenait-il des coups de fusils tirés sur le fleuve. Bientôt rassuré, le roi manifesta le désir de placer ses Etats sous la protection de la France, pour éviter les hostilités qui pouvaient éclater de nouveau entre les blancs et les noirs. Le traité fut signé le 3 octobre 1880, et M. de Brazza prit officiellement possession des territoires concédés à la France. Voici les termes de cet acte :

« Au nom de la France et en vertu des droits qui m'ont été conférés, le 10 septembre 1880, par le roi Makoko, le 3 octobre 1880, j'ai pris possession du territoire qui s'étend entre la rivière Djoué et Empila. En signe de cette prise de possession, j'ai planté le pavillon français à Okila, en présence de Notba, Scianho, Ngaekala, Ngaeko, Juma, Nvoula, chefs vassaux de Makoko, et de Ngalième, le représentant officiel de son autorité en cette circonstance. J'ai remis à chacun des chefs qui occupent cette partie de territoire un pavillon français, afin qu'ils l'arborent sur leurs villages en signe de ma prise de possession au nom de la France. Ces chefs, officiellement informés par Ngalième de la décision de Makoko, s'inclinent devant son autorité et acceptent le pavillon, et, par leur signe fait ci-dessous, donnent acte de leur adhésion à la cession de territoire faite par Makoko.

« Le sergent Malamine, avec deux matelots, reste à la garde du pavillon, et est nommé provisoirement chef de la station française de Ncouna. Par l'envoi à Makoko de ce document, fait en triple et revêtu de ma signature et du signe des chefs vassaux, je donne à Makoko acte de ma prise de possession de son territoire pour l'établissement d'une station française.

« Fait à Ncouna, dans les Etats de Makoko, le 3 octobre 1880. »

Suivent les signatures de M. de Brazza et des chefs indigènes.

Aussitôt le traité paraphé, le roi et les chefs présentèrent à M. de Brazza une boite remplie de terre, et le grand féticheur ou sorcier s'adressa en ces termes à notre compatriote :

« Prends cette terre, et porte-la au grand chef des blancs ; elle lui rappellera que nous lui appartenons ! »

M. de Brazza, plantant alors le drapeau tricolore devant la case de Makoko, répondit :

« Voici le signe d'amitié et de protection que je vous laisse. La France est partout où flotte cet emblème de paix, et elle sait faire respecter les droits de tous ceux qui s'abritent à son ombre. »

Pour sceller le pacte d'alliance, les chefs furent réunis en un grand palabre, et l'on procéda à l'enterrement de la guerre. Un grand trou fut creusé dans le sol, et chaque chef vint y déposer une arme ou un objet rappelant la guerre : poudre, balles, pierres, fusils, lances, sagaies ; puis, Brazza et ses hommes y jetèrent des cartouches, et le trou fut bouché ; au-dessus, on planta un arbre.

« — Nous enterrons la guerre, dit un des chefs, et nous l'enterrons si profondément que ni nous ni nos enfants ne pourront la déterrer ; l'arbre qui poussera en cet endroit témoignera de l'alliance entre les blancs et les noirs.

« Et nous aussi, répondit M. de Brazza, nous enterrons la guerre ; puisse la paix durer jusqu'à ce que cet arbre porte comme fruit des balles, des cartouches et de la poudre ! »

Bientôt après, tous les chefs des districts environnants vinrent, eux aussi, se placer sous le protectorat de la France, et chacun d'eux retourna dans sa tribu, porteur du pavillon français.

M. de Brazza jeta les fondations de l'établissement de N'tamo, auquel la Société de Géographie de Paris, sur la proposition de M. de Quatrefages, donna le nom de Brazzaville, puis il s'éloigna seul, pour gagner la côte en descendant le Congo. En partant, il confia la garde du drapeau au sergent Malamine, des tirailleurs sénégalais, avec deux hommes :

— Je ne puis te donner ni argent, ni ressources, lui dit M. de Brazza en s'éloignant ; tu as tes hommes, tes armes, débrouille-toi comme tu pourras, mais n'abandonne pas ton poste.

Nous avons vu comment le brave sergent s'est acquitté de la mission d'honneur qui lui était confiée, et quel jugement M. Stanley a porté sur Malamine.

C'est pendant ce voyage que l'explorateur français rencontra M. Stanley à Mdambi-Mbongo ; il resta son hôte pendant quelques jours, et n'eut qu'à se louer de la cordiale hospitalité que lui offrit le voyageur américain ; M. de Brazza raconte ainsi sa réception chez Stanley :

« Le hasard a réuni un instant deux hommes, deux antithèses : la rapidité et la lenteur, la hardiesse et la prudence, la force et la faiblesse ; mais les extrêmes se touchent ; leurs sillons, différemment tracés avec persévérance, convergent au même but : le progrès. Ces deux hommes ont reconnu les dures nécessités de leur tâche : ils se rendent justice. Votre missionnaire s'honorera toujours du cordial accueil que lui a fait le plus intrépide explorateur de l'Afrique. »

Nous devons rendre cette justice à M. Stanley que, racontant son entrevue avec Brazza, il fait le plus grand éloge de l'énergie, de la vaillance et de l'intelligence de notre compatriote ; en maints endroits, il rend justice à M. de Brazza : « Avec un pareil chef et cent hommes comme Malamine et Guiral (un quartier maitre de la marine française détaché à Brazzaville), on peut conquérir toute l'Afrique. »

Il est regrettable que, plus tard, dans un banquet offert à Stanley à l'Hôtel Continental à Paris, où était également M. de Brazza, le voyageur américain, aveuglé par sa haine contre la France, ait, en parlant de cette rencontre, prononcé les paroles suivantes, qu'il a dû regretter plus tard, et qui avaient pour but de tourner notre compatriote en ridicule, de le déconsidérer en France, où lui, Stanley, recevait notre hospitalité :

« — J'ai rencontré M. de Brazza sans chaussures, vêtu d'une tunique d'uniforme usée et portant une coiffure difforme. Je ne peux comprendre que le voyageur français, qui a parcouru 100 milles de la station de Passa au Congo, soit cité comme le *phénomène* de l'année. »

M. de Brazza, qui assistait au banquet, s'est levé et a répondu :

« — Je vois dans M. Stanley, non pas un antagoniste, mais simplement un travailleur dans le même champ où nos efforts communs, quoique nous représentions des intérêts différents, convergent vers le même but : le progrès et la civilisation de l'Afrique…. Messieurs, je suis Français et officier de la marine française. Je bois à la civilisation de l'Afrique par les efforts simultanés de toutes les nations. »

Après quelques jours de repos, M. de Brazza se rendit directement au Gabon, où il comptait trouver le docteur Ballay et l'enseigne de vaisseau Mizon, chargés de lui amener des vapeurs démontables. Ni l'un ni l'autre n'était encore arrivé. Trois jours après, il retournait vers l'Ogôoué pour ravitailler Franceville. En remontant le fleuve, M. de Brazza se blessa cruellement à la cheville en sauvant un indigène qui se noyait ; bientôt, faute de soins, la plaie s'envenima ; l'acide phénique nécessaire pour soigner sa blessure lui faisant défaut, il eut recours aux remèdes du pays ; mais leur effet fut terrible : la plaie devint spongieuse, et il fallut enlever avec de gros ciseaux le morceau de chair attaquée par la médecine indigène. Il dut envoyer chercher à deux jours de marche de l'acide phénique et du nitrate d'argent, et, grâce à cette médication énergique, il put bientôt reprendre sa marche. Le 6 avril 1881, il arrivait à Franceville.

La station était prospère. « Décidément, écrivait-il alors, la civilisation a pris racine à Franceville, car on m'offrit, à mon arrivée, des tomates, des navets et des haricots verts. »

Quelques semaines plus tard, M. de Brazza quittait la station française et « explorait presque seul le pays entre l'Ogooué et l'Alima » ; il fondait, sur ce dernier fleuve, au confluent de l'Obia et de la Lekiba, un troisième établissement, qui prit le nom de « Poste de l'Alima » ; puis il se mit en devoir de créer une route entre l'Alima et le Congo. Quand M. Mizon arriva, « une voie carrossable de cent vingt kilomètres, dont quarante-cinq avaient été rendus praticables par les soins du chef de l'expédition, était ouverte entre Franceville et le point choisi sur l'Alima pour lancer nos vapeurs ; en outre, toutes les populations, gagnées par nos bons procédés, étaient dans nos intérêts.

Aussitôt que M. Mizon eut pris possession du poste de Franceville confié à sa garde, M. de Brazza se mit à la recherche d'une voie pouvant relier le Congo supérieur à la côte. « Il se dirigea vers les sources du Niari, qui, sous le nom de Quillou, se jette dans l'Atlantique, un peu au nord de Loango. Arrivé le 9 mars 1881 sur les bords de ce fleuve, dont la source orientale est voisine de la rivière Djoué, il put, en continuant sa route, s'assurer que tout ce bassin est riche en mines de fer, de plomb et de cuivre ; à Mboko, notamment, ce dernier minerai se ramasse à fleur de terre.

« L'explorateur constata que, jusqu'à son confluent avec la rivière Lalli, le Niari, jolie rivière de quatre-vingt à quatre-vingt-dix mètres de large, ne présente aucun obstacle à la navigation. Quant à la population qui habite ces contrées fertiles, elle est plus dense que celle de la France.

« Ce bassin est séparé de celui du Congo par des montagnes aisément franchissables, mais sur un point seulement. Ce col est situé à la hauteur du coude formé par le Niari à son confluent avec le Ndouo. Il devenait dès lors évident qu'il fallait renoncer à la route difficilement praticable qu'offre l'Ogooué, et que la voie la plus avantageuse et la plus courte pour relier le Congo intérieur navigable à l'Océan Atlantique se dirigeait presque en ligne droite à l'ouest. Le seul obstacle qu'elle présentait à la construction d'une ligne ferrée consistait dans le passage du col, entre la vallée de Djoué, qui débouche à Brazzaville, et celle de Niari, généralement plate et facile, qui débouche à l'Atlantique. Comme, d'autre part, l'Alima et l'Ogooué sont reliés par une route carrossable, et que le transit est assuré par des porteurs et des bêtes de somme, l'unique effort à faire consiste à jeter hardiment une voie ferrée de Brazzaville à la côte, c'est-à-dire sur une étendue d'environ 350 kilomètres (1). »

Cette exploration terminée, M. de Brazza regagna le Gabon et de là la France, où il arriva le 7 juin 1882, porteur du traité signé avec Makoko.

Outre les résultats commerciaux inappréciables que peut avoir pour la France la possession de ces immenses territoires, le voyage de M. de Brazza a eu pour conséquence de faire faire un grand pas à l'abolition de la traite des noirs et de l'esclavage dans toute cette région. Dans tout le bassin de l'Ogôoué, il a presque détruit ce commerce honteux, en prouvant aux populations qu'un commerce licite leur donnerait des bénéfices plus sûrs et plus considérables ; et, joignant l'exemple à la parole, il a rendu la liberté à tous les esclaves qui sont venus se réfugier à l'ombre du drapeau de la France.

« Au début, dit M. de Brazza, j'ai dû racheter des hommes à prix d'argent, et fort cher, selon le cours, trois ou quatre cents francs. Je leur disais, quand ils étaient à moi, bûche aux pieds et fourche au cou :

— Toi, de quel pays es-tu ?
— Je suis de l'intérieur.
— Veux-tu rester avec moi, ou retourner dans ton pays ?

---

(1) Génin, *Les Expéditions de M. de Brazza.*

« Je leur faisais toucher le drapeau français que j'avais hissé, et je leur disais :

— Va, maintenant, tu es libre.

« Ceux de ces hommes qui sont retournés, je les ai trouvés dans l'intérieur. Ils m'ont permis de remonter jusqu'au centre, là où il m'était possible de libérer un esclave au prix de quelques colliers qui valaient bien en tout dix centimes. Il était constaté que tout esclave qui touchait le drapeau français était libre.... Ma réputation allait devant moi, m'ouvrant les routes et les cœurs. »

Pendant qu'à Paris, de Brazza s'occupait de faire ratifier par les Chambres le traité conclu avec le roi africain, M. Stanley et ses agents mettaient tout en œuvre pour renverser l'influence française sur la rive droite du Congo. Par des offres généreuses, par des menaces mêmes, ils essayaient d'obtenir de Makoko qu'il annulât les concessions faites à la France ; le roi fut inébranlable. Alors, ils lui dirent que de Brazza était mort et ne reviendrait jamais ; Makoko refusa de les croire. A bout d'arguments, Stanley acheta M'poutaba, un des grands dignitaires du royaume, et l'engagea à supplanter son maitre ; mais toutes ces manœuvres furent déjouées, et l'on sut bientôt en France que le renversement du roi Makoko n'était qu'une fausse nouvelle lancée par M. Stanley pour faire considérer par les Chambres le traité comme lettre morte.

Cependant M. de Brazza ne pouvait abandonner ainsi l'œuvre commencée avec tant de peine, au milieu de difficultés si grandes ; il retourna au Congo.

# CHAPITRE VI.

### Troisième voyage de M. de Brazza.

Le 19 mars 1883, M. de Brazza s'embarquait à Bordeaux, à bord du *Précurseur*; il partait avec le titre de commissaire de la République française. Au commencement d'avril, il atteignait Dakar, où il embarquait cent trente laptots, et le brave sergent Malamine.

« Dans les premiers jours d'avril, dit M. de Brazza, nous touchions à Dakar. 130 laptots — toute notre force armée — montaient à bord, et parmi eux mon brave sergent Malamine, rentré depuis quelques mois de Brazzaville, sur l'ordre de M. Mizon. Mélange de sang arabe et de sang maure, ce Malamine, dont on vous a si souvent parlé, est un homme de haute taille, solidement musclé. Son profil est presque européen et sa physionomie respire une virile fierté. On sent immédiatement en lui l'homme capable de remplir intelligemment des ordres, en les interprétant suivant les circonstances. Quand, en 1880, je le laissai seul à la garde du pavillon français sur le Congo, sans ressources et à 500 kilomètres de notre plus voisine station, je savais à l'avance à qui je confiais ce dangereux honneur. Hardi défenseur des faibles, Malamine fut vite aimé des indigènes, auxquels il apprit à aimer la France. — Avec lui plusieurs de mes vieux serviteurs d'autrefois avaient voulu m'accompagner

« Nous prenions encore quelques Krowboys dans le golfe de Guinée, et le 22 avril 1883, après une excellente traversée, nous jetions l'ancre en rade du Gabon. »

Une avant-garde, commandée par M. de Lastour, partie de France au mois de janvier, s'était rendue directement sur le bas Ogôoué, où elle attendait l'arrivée du chef de la mission.

A Libreville, M. de Brazza était arrêté par le débarquement de ses marchandises : vivres, effets, munitions qu'on ne put abriter sous les hangars du gouvernement, et qui, pendant plusieurs semaines, restèrent sur le quai, exposées au soleil, à la pluie et aux attaques des voleurs.

Le 30 avril, M. de Brazza se rendait dans le bas Ogôoué et au cap Lopez, pour s'assurer que le chef de station avait bien exécuté les instructions données; puis il retournait au Gabon.

Pendant qu'arrêté à Libreville, M. de Brazza terminait les derniers préparatifs de son expédition, le lieutenant de vaisseau Cordier, commandant le *Sagittaire*, s'emparait de Loango, à l'embouchure du fleuve Quillou et de *Ponta Negra,* sur la côte. Il rencontra une vive opposition de la part des négociants anglais et portugais établis sur ce point; ils refusèrent même de vendre des vivres à nos marins, qui souffraient de la fièvre ; mais une circonstance fortuite vint le tirer d'embarras.

Une des embarcations du navire français l'*Oriflamme* avait chaviré dans la barre; aussitôt les matelots s'élancèrent à son secours, et, pour être plus libres de leurs mouvements, retirèrent leurs vêtements, qu'ils laissèrent sur la plage. Quand ils revinrent, après la besogne terminée, les effets avaient disparu, volés par les indigènes, qu'excitait un des chefs. Le roi de Loango, dont ce chef n'était que le vassal, lui retira ses territoires pour le punir et, en compensation des objets volés, les concéda à la France. La prise de possession de ces deux points de la côte nous rend maîtres de deux mouillages importants, qui seront la base de toutes nos opérations dans l'intérieur.

Après avoir visité cette partie de la côte, M. de Brazza gagna l'Ogôoué et se rendit à Lambaréné, d'où l'expédition devait partir; puis, remontant le fleuve, il fondait les établissements de Njolé, Achouca, Madiville (ville de l'huile), et arrivait le 22 juillet à Franceville.

Un avis du docteur Ballay l'ayant rassuré sur l'attitude des indigènes, et prévenu que Makoho attendait son arrivée avec impatience, M. de Brazza se mit en route et gagna le Congo à 130 milles au-dessus de la station de Bolobo; puis, redescendant le fleuve, il atteignit Nchangouno, d'où il se dirigea par terre sur la résidence de Makoko. Accompagné de M. Ballay, le commissaire du gouvernement français arriva sans encombre à Mbé, résidence du roi. Au-devant de lui, accouraient, portant le drapeau français, tous les chefs des deux rives, heureux de revoir le voyageur.

Après quelques jours consacrés au déballage des cadeaux, M. de Brazza, son frère, le docteur Ballay et M. de Chavannes se mirent en route, précédés d'un piquet d'honneur, de musiciens, de porteurs de dais et de féticheurs ; le représentant de la France s'avançait au milieu du cortège flanqué de hallebardiers.

« L'arrivée du plénipotentiaire français fut saluée par le vacarme assourdissant des tam-tam. Au bout d'un quart d'heure d'attente, la porte du palais de Makoko s'ouvrit et livra passage aux familiers du souverain et à ses femmes, portant chacune, qui la pipe de Makoko, qui son verre à boire, qui la cloche qui sonne quand il boit, qui l'étoffe dont il se couvre pendant cette cérémonie, — car c'est une véritable cérémonie que la façon dont les chefs boivent ici, — qui son tabac, son briquet, les fétiches, etc. Derrière ce flot de monde assez mêlé et très peu vêtu, s'avançait le Makoko souriant à M. de Brazza, et marchant gravement sur la pointe des pieds, ce qui est le comble de la distinction. »

Makoko prit place un instant sur sa peau de lion, où M. de Brazza avait fait déposer des tapis et des coussins de velours rouge, qu'il lui apportait ; puis, se levant, il tendit la main à notre compatriote, le prit à bras le corps et lui donna une vigoureuse accolade Les transports de joie un peu calmés, le roi africain, se tournant vers ses sujets, leur dit une chanson improvisée en l'honneur de M. de Brazza, dans laquelle il faisait allusion aux faux bruits que les intéressés avaient fait courir sur son compte, aussi bien en Afrique qu'en Europe :

— *Nganiou, Ngagnio* (ce que je vais dire est vrai).

Et le peuple répondait en chœur :
— *Ngagnioame la* (oui, c'est vrai).

« Vous tous qui êtes là, voyez !
« Celui qu'on avait dit perdu, il est là !
« Celui qu'on avait fait mort, il est revenu !
« On avait dit qu'il était pauvre, regardez ses riches présents !
« Ceux qui ont dit cela sont des menteurs ! »

Et le peuple répétait en chœur :

« Ceux qui ont dit cela sont des menteurs ! »

Le surlendemain, un grand palabre réunissait tous les chefs, qui devaient assister à la remise du traité. Assemblés autour de Makoko, sous un immense velum de laine rouge, chaque chef était assis, tenant devant lui le grand fétiche de sa tribu, quelque chose comme un dieu lare apporté pour donner plus de solennité à la cérémonie.

« C'était un spectacle bien étrange que cette nombreuse réunion, foule compacte accroupie, où, dans la bigarrure des étoffes à couleurs vives, le mouvement d'une lance ou le déplacement d'un fusil faisait passer des éclairs. Çà et là, tranchant sur le reste, quelques pagnes de satin ou de velours nous indiquaient que des générosités étrangères avaient devancé les nôtres et que tous n'avaient pas eu, comme le grand chef, le courage de refuser.

« Makoko trônait sur ses peaux de lion, négligemment accoudé sur des coussins, entouré de ses femmes et de ses favoris. En face, à quelques pas de lui, M'pohontaba, l'un de ses premiers vassaux, et les autres chefs assis à terre sur des peaux de léopard, attendaient que le souverain donnât le signal du palabre. Nous étions entre les deux groupes, un peu sur le côté.

« Makoko, sans se lever, souhaita la bienvenue à tout son monde; il expliqua en quelques mots le but de la réunion, puis, chaque chef, M'pohontaba en tête, vint à genoux protester de sa fidélité à Makoko, seul vrai chef, disaient-ils, seul propriétaire et souverain de tous les territoires batékés. Tous se déclarent, comme autrefois, heureux et fiers d'être placés sous la protection de notre drapeau, et le jurent sur les fétiches et par les mânes de leurs pères.

« A mon tour, je rappelai le passé en quelques mots; mes hommes présentaient les armes, on sonna aux champs, et je fis à Makoko la remise des traités au nom de la France. Procès-verbal de la cérémonie fut dressé et signé, et on se rendit sous le « hall » improvisé, où se trouvaient, exposés à l'admiration de tous, les présents destinés à chacun et étiquetés à son nom. Les cris de surprise, les marques de joie, les remercîments, jetèrent leur note bruyante et gaie dans le va-et-vient d'une foule curieuse; puis, chacun emportant ses nouvelles richesses, on se dit gaiment au revoir. »

Après quelques jours passés chez Makoko, de Brazza descendit le Congo jusqu'à Brazzaville; arrivé là, il voulut se mettre en rapport avec les agents de

Stanley établis à Léopoldville, de l'autre côté du Stanley-Pool; ses avances furent repoussées avec une certaine hauteur : les agents de l'Association internationale du Congo ne pouvaient pardonner à notre compatriote d'avoir conquis à la France de si grands et de si beaux territoires; leur jalousie surtout était excitée par le dévouement de Makoko à notre cause; ils éprouvaient un secret dépit à voir leurs avances repoussées. Ne pouvant rien par les promesses ou les menaces, ils usèrent de la calomnie.

Pendant que, remontant le fleuve avec une troupe de deux cents hommes armés de fusils à tir rapide, M. Stanley faisait de la colonisation à main armée, arrachait par la force ou la peur des traités à tous les rois nègres du haut fleuve, ses agents ne restaient pas inactifs : ils envoyaient en France des nouvelles déplorables sur l'état de nos établissements.

« Je me permettrai, écrivait-il dans une lettre reproduite par les journaux, d'appeler l'attention de M. de Brazza sur les nombreuses tonnes de provisions et sur les marchandises qui moisissent et se perdent derrière lui, à l'embouchure de l'Ogôoué. Qu'il s'occupe aussi un peu de ses voies de communication, qui sont assez menacées entre l'Ogôoué et Brazzaville; qu'il achève les routes entre les stations qu'il a fondées à N'ganchouno et au confluent du Pékéti. J'aurais pu, ajoute Stanley, indiquer aux Français un territoire mieux approprié à leur entreprise que le pays de Makoko ; mais je sais qu'on eût mal interprété mon ingérence. »

Ces moyens ne suffisant pas, ils répandirent le bruit de la mort de M. de Brazza et de son frère.

Heureusement M. Dutreuil de Rhins, ancien compagnon de M. de Brazza, et représentant à Paris de la mission de l'Ouest africain, était en mesure de démentir ces calomnies et d'indiquer clairement leur source. On ne s'en inquiéta pas outre mesure en France, et jamais on n'a cessé d'avoir la plus grande confiance dans le succès de l'œuvre entreprise par notre compatriote

Après avoir installé M. de Chavannes à Brazzaville, le chef de la mission retournait, le 1$^{er}$ juin 1884, auprès de Makoko ; celui-ci, apprenant les ennuis de M. de Brazza, lui offrit immédiatement de le mettre à la tête d'une armée ; notre compatriote eut bien de la peine à lui faire comprendre que sa mission était toute pacifique, et que d'ailleurs il n'y avait pas matière à combat.

La fin de la mission de M. de Brazza approchait ; nous lui laissons raconter lui-même les derniers travaux sur le continent africain :

« A ce moment-là, 1$^{er}$ décembre 1884, nos droits établis à Brazzaville nous assuraient, par avance, la possession prochaine de Quillou, et notre influence allait s'étendre sur la rive droite du Congo, en amont du confluent de l'Alima. Il restait désormais à faire certaines explorations importantes que je n'avais pu entreprendre jusqu'alors, faute de monde ; il restait également à produire une action aussi loin que possible sur le haut Congo, pour avoir en main, à l'heure voulue, des éléments de compensation. C'était la seconde partie du programme, la plus intéressante, mais non la plus facile, étant données l'exiguïté de nos ressources et la faiblesse de nos moyens d'action.

« Avant de me consacrer à cette partie nouvelle de la tâche, il fallait laisser derrière moi une situation aussi nette que possible, rassembler les éléments des expéditions futures et les pousser devant moi. J'employai près de trois mois à ce travail ; trois mois pendant lesquels je courus d'un point à l'autre, réglant une difficulté à Loango, causant politique à Vivi, veillant au ravitaillement de tous, donnant partout des conseils ou des ordres et surveillant les préparatifs de mon propre départ.

« Cent cinquante porteurs de Loango, recrutés par mes soins, montaient à Franceville en longeant l'Ogôoué sous la conduite du maréchal des logis Weistroffer. On était au commencement de mars. Dix jours encore furent consacrés à mes derniers préparatifs, et, pour la seconde fois, je me lançai à l'intérieur, décidé à aller loin, si rien ne venait entraver mes projets.

« L'Ogôoué semblait fou cette année-là ; une crue énorme survenue à la meilleure époque de l'année avait causé, dès les premiers jours, la perte de plusieurs pièces importantes de la canonnière démontable le *Djué*. Il fallait redemander en Europe le double des pièces perdues.

« En attendant la baisse des eaux, je m'arrêtai à

à chaque agglomération de villages riverains pour achever l'importante organisation indigène dont j'avais jadis jeté les bases et que M. de Lastours avait poussée suivant mes vues ; ce n'était pas là perdre mon temps.

« Je fus retenu à Madiville, station des Adoumas, par la crue persistante du fleuve. M. de Lastours organisait la première des expéditions projetées à la tête de laquelle il devait partir. Cette expédition quitterait l'Ogôoué pour gagner directement le bassin de la Bénoué, en se maintenant autant que possible sur la crête qui sépare le bassin du Congo des autres bassins côtiers du nord.

« Enfin, les eaux de l'Ogôoué ayant baissé de plusieurs mètres en quelques jours, la navigation devenait normale; en une semaine je fus à Franceville, où je trouvai M. Decazes qui se rétablissait d'une fièvre. Les nouvelles qu'il me donna du Congo et de l'Alima étaient bonnes. M. Dolisie, en deux voyages successifs, avait découvert et reconnu le Mossaka et le Shanga, puis le cours supérieur de l'Oubangui-N'Kundja, et avait fait de nombreux traités avec les tribus riveraines dans le haut cours de ce fleuve et fondé de nouveaux postes.

« M. Decazes, avec le tact patient qui est le fond de son caractère, dirigeait tout son monde, aimé de tous ; sous sa direction, notre influence s'était beaucoup développée chez les Batékés et, avec cette influence, la facilité d'obtenir des ressources soit en vivres, soit en hommes. Le service des porteurs était si bien organisé, que notre vapeur le *Djué*, dont le poids passait 30 tonnes, avait été transporté en moins d'un mois de l'Ogôoué à l'Alima.

« Comme j'allais quitter Franceville et poursuivre avec tout mon monde, de mauvaises nouvelles apportées par un exprès vinrent me retarder encore.

« Deux des nouveaux membres de la mission, MM. Taburet et Desseaux, venaient de succomber à la côte, et M. de Lastours, pris d'un accès de fièvre pernicieuse au moment où il allait se mettre en marche, me suppliait de descendre en hâte à Madiville, recevoir ses dernières volontés.

« S'il est une situation cruelle, c'est bien celle de se voir placé entre le cœur et la raison, entre les devoirs d'humanité et le devoir absolu de poursuivre sa tâche sans regarder derrière soi.

« Un de mes plus zélés collaborateurs se mourait et me suppliait de l'assister à ses derniers moments; le courant de foudre de l'Ogôoué pouvait me porter près de lui en moins de deux jours; j'hésitai un instant, puis, le cœur l'emportant sur la raison, je sautai en pirogue, et arrivai à temps pour serrer encore une main qui semblait vouloir se souder à la mienne dans une dernière étreinte, pour fermer des yeux qui s'éteignirent dans les miens.

« M. de Lastours était un Français dans toute l'acception du mot, un de ces dévoués aux grandes idées, un de ces hommes au chaleureux courage, qui aiment leur patrie par-dessus tout.

« Puissent aujourd'hui ces paroles payer à ceux

qui dorment là-bas le juste tribut de regrets qu'on n'est pas en droit d'accorder au cours de l'œuvre! Ce n'est qu'après la lutte qu'on peut songer à compter ses morts et à les pleurer. Les nôtres gardent éternellement, sur les rives de l'Ogôoué et du Congo, le nom de la France, martyrs de la foi patriotique et du dévouement au pays, muettes sentinelles endormies dans les plis du drapeau national.

« Aussitôt les derniers devoirs rendus à notre pauvre ami, je fis violence à ma tristesse et me hâtai vers Franceville. J'espère qu'on m'aura pardonné cette perte de temps de quinze jours, sacrifiée à une faiblesse de sentiment dont je n'avais pas su triompher. Si je n'avais pas travaillé durant ce temps-là, j'avais du moins beaucoup souffert.

« Quand j'arrivai à Franceville, M. Decazes et mon brave Roche me consolèrent de leur mieux.

« En quittant les Adoumas et faute d'avoir d'autre Européen immédiatement sous la main, j'avais chargé mon frère de conduire l'expédition dont M. de Lastours allait prendre le commandement au moment où il succombait. Il eût été profondément regrettable de ne pas utiliser immédiatement les éléments préparés pour ce voyage et qui se fussent sans cela désagrégés en pure perte. Mon frère partit donc, accompagné d'un camarade profondément dévoué qui l'avait suivi partout, M. Pécile.

« Nous étions déjà au 15 juillet 1885 ; il semblait que ce fût tard pour entreprendre un voyage de longue haleine. La nouvelle de la Convention du 5 février entre la France et l'Association, et le résultat de la Conférence de Berlin, qui vinrent me trouver alors, rendaient inutile l'action projetée dans le haut Congo. La Compagnie d'auxiliaires indigènes que je conduisais, allait me servir du moins, pensais-je, à continuer l'exploration de la N'Kundja-Oubangui. On pousserait aussi loin qu'on pourrait dans cet affluent, pour tâcher d'atteindre la limite de son bassin et de reconnaitre les nœuds orographiques qui déterminent, à proprement parler, le bassin du Congo, du côté du nord. Je rêvais de ces hypothèses quand vint me surprendre l'ordre de rentrer en France.

« La mission de l'Ouest africain était déclarée terminée, et l'Administration de la marine prenait la suite de mes travaux : je devais rentrer au plus vite.

« Deux lignes de retour s'ouvraient à moi : revenir sur mes pas par l'Ogôoué, où je n'avais rien à faire (des ravitaillements plus que suffisants s'y trouvaient accumulés et tout y était organisé et tranquille), ou bien poursuivre par l'Alima et le Congo et rentrer par Brazzaville directement à la côte.

« J'optai pour ce dernier parti, qui me permettrait de me rendre compte *de visu* de la situation politique et matérielle de nos possessions du Congo, d'où j'étais absent depuis longtemps. En outre, il était de mon devoir de ne pas rentrer en Europe sans avoir donné une direction aux moyens et aux forces que j'avais amenées, non sans difficultés, sur l'Alima, c'eût été sacrifier, en pure perte, un premier résultat. Je descendis donc avec M. Decazes, auquel j'allais remettre, en partant, la direction de tout l'intérieur.

« Le jour même où notre flottille de quinze pirogues atteignit le poste du bas Alima, M. de Chavannes y arrivait; la vue de nos pavillons en berne lui annonça de loin qu'il allait apprendre de tristes nouvelles. Lui aussi nous en apportait : le quartier-maitre Le Briz venait de succomber sur le Congo. En brave marin, il était mort comme il l'eût fait sur le pont de son vaisseau, un jour de bataille. Quand vint la dernière minute : « Je m'en vais, dit-il d'une voix ferme encore ; vous direz à M. de Brazza que j'ai toujours fait mon devoir. » Il semblait ne regretter de la vie que la satisfaction du devoir accompli !

« Ah ! Messieurs, que de grandes choses on ferait avec de tels hommes et de tels dévouements !

« M. de Chavannes, que j'étais heureux de retrouver après une longue séparation, me mit vite au courant des affaires du Congo, et nous reprimes tous notre route. M. Decazes allait droit nous attendre à Brazzaville, pendant que je montais à l'Oubangui.

« L'ordre de rentrer au plus vite ne me permit pas de rester aussi longtemps que je le désirais dans ces pays que je voyais pour la première fois et où mes collaborateurs avaient établi notre influence aussi bien et aussi sagement que j'eusse pu faire moi-même. M. Dolisie était de retour d'une troisième expédition dans l'Oubangui, poussée jusque par 3 degrés environ au-dessus de l'équateur. Sur ces nouvelles rives, il avait jeté les bases d'une future organisation.

« Ayant fait une visite à nos postes de Bonga et

de N'Kundja, je quittai à regret ces parages où m'avait précédé une pacifique renommée ; je pressentais tout le parti à tirer de ces populations neuves, analogues par leur race, leurs mœurs et leur langage, à certaines peuplades turbulentes de l'Ogôoué.

« Un court séjour au milieu de ces populations d'Oubangui avait fait naître en mon esprit l'espoir d'unifier quelque jour ce nouveau domaine avec l'ancien par une organisation similaire. Plaise à Dieu que ce résultat soit un jour atteint et que ces contrées, jusqu'ici vierges, puissent, en un nombre restreint d'années, se transformer au contact de notre civilisation ; elles paieront alors leur dette de gratitude à la France, en devenant pour elle une source de développement et de richesses. »

Le 18 novembre 1885, M. de Brazza était de retour à Paris.

La réception faite à M. de Brazza à son arrivée à Paris, les applaudissements qui ont salué le récit de son voyage, dans la conférence faite par lui le 21 janvier 1886, ont prouvé que la France entière lui sait gré de la façon dont il a accompli sa mission, et le désignent d'avance au poste de gouverneur du Congo français.

Pendant ce dernier voyage, le rôle de M. de Brazza a été uniquement celui d'administrateur et d'organisateur : il a fondé de nouvelles stations sur le cours de l'Ogôoué, sur la côte, le long du Quillou et sur le Congo ; ces stations, il les a organisées, leur a donné des chefs, a assuré leur ravitaillement ; il a conclu des traités avec les tribus indigènes vivant sur ces territoires, il s'est assuré leur concours et a inauguré parmi elles un système de service obligatoire qui assure à notre possession du Congo l'aide et le secours de sept mille indigènes. Cette espèce de recrutement est fondé sur les mêmes bases que l'inscription maritime : les hommes doivent à la station française un service d'un certain temps, soit comme soldats, soit comme pagayeurs ou porteurs.

Pour résumer ces travaux, nous ne pouvons mieux faire que de citer textuellement les paroles prononcées par M. de Brazza rendant compte de sa mission :

« Qu'avons-nous fait durant ce voyage ? comment ai-je profité, dans l'intérêt du pays, des pouvoirs et des ressources pécuniaires qui m'ont été confiés ?

« Au point de vue géographique, de nombreux tracés ont été faits ; les travaux de MM. de Rhins, Dufourcq, etc., ont complété mes anciens travaux sur l'Ogôoué ; le bassin de l'Alima est donné par les travaux de MM. Ballay, de Chavannes, Decazes, de mon frère Jacques et les miens propres ; ces travaux, qui se contrôlent, offrent donc certaines garanties d'exactitude.

« Deux expéditions marchent aujourd'hui parallèlement dans le blanc de la carte, situé au nord de l'Ogôoué et de l'Alima : l'une est conduite par mon frère Jacques, je l'ai dit plus haut ; l'autre par M. Dolisie, aidé de M. Froment, un homme jeune et tenace, qui venait de passer plus d'un an au milieu des populations de l'Oubangui. Ces deux expéditions sont comme le couronnement de la tâche et ne sauraient manquer d'amener des découvertes importantes à tous égards.

« Des données astronomiques ont été fournies pour fixer les points géographiques, et avec elles ont été effectuées des observations de météorologie, de minéralogie, de géologie. De belles collections d'histoire naturelle ont été réunies, grâce au concours de tous, par les soins spéciaux de mon frère ; elles doivent arriver très prochainement à Paris. A ces collections viennent se joindre une quantité de croquis, de dessins, de photographies et de notes ethnographiques d'un grand intérêt.

« Tous ces travaux ont été exécutés au milieu d'occupations imposées par la création de huit stations ou postes dans le bassin du Congo, de huit autres dans celui de l'Ogôoué, et de cinq sur la côte ou dans la vallée du Quillou.

« A côté de ces résultats scientifiques se placent des résultats économiques plus importants encore.

« Le premier est d'avoir conquis sur les populations cette influence définitive qui doit, à mon avis, constituer l'élément primordial essentiel de toute création de colonie. Tirer parti des indigènes, fondre leurs intérêts dans les nôtres, en faire nos auxiliaires naturels, c'était là, suivant moi, l'un des plus hauts objectifs de ma mission.

« A l'heure présente, les anciennes tribus de l'Ogôoué sont complètement dans nos mains. Par les traités qui les lient, leurs hommes nous doivent annuellement un temps déterminé de service; en dehors de leur salaire, elles trouvent, dans de sérieux avantages économiques et dans notre protection, une compensation au temps qu'elles nous consacrent.

« Les Pahouins eux-mêmes, ces tribus cannibales que de puissantes migrations conduisirent autrefois sur les bords de l'Ogôoué, et que leur sauvagerie comme leur instinct de pillage avaient longtemps éloignés de nos vues, y arrivent enfin. Ces mêmes Pahouins, qui depuis vingt ans sont en révolte constante et ouverte contre l'autorité du Gabon, ont été amenés, par les intérêts que nous leur avons créés, à traiter avec nous sur les mêmes bases que les autres peuplades. Ils ont dû, eux aussi, consentir à nous fournir des auxiliaires, et c'est là une garantie considérable au point de vue de la tranquillité ; peut-être est-ce même le seul moyen de maintenir une sécurité complète dans un pays qui est absolument — j'allais dire heureusement — hors de la portée des canonnières. Ces nouvelles recrues sont venues sans trop de répugnance s'encadrer dans les rangs de nos premiers auxiliaires: Adoumas, Okandas, Apingis, Okotas, Bangoués, toutes tribus dont les avaient toujours éloignés aussi bien une inimitié instinctive que des intérêts faussés et mal compris.

« Peu à peu ces Pahouins viendront doubler et tripler le nombre de nos auxiliaires ; leurs aptitudes naturelles, leur force physique, leur sobriété extrême, les rendent merveilleusement propres à nous seconder dans ces contrées neuves.

« C'est ainsi que se constitue l'homogénéité des éléments maniables de l'Ogôoué ; tous ces hommes, réunis par les mêmes intérêts dans un même sentiment de dépendance à notre égard, sont aujourd'hui liés à nous par une organisation dont l'idée première m'a été donnée par l'inscription maritime de la France.

« Pagayeurs, porteurs ou soldats, suivant les besoins, ces hommes manœuvrent nos pirogues dans les rapides, transportent nos marchandises et sont toujours prêts à suivre et à défendre notre drapeau.

« C'est enfin là la solution d'un problème que j'ai mis dix ans à résoudre.

« Dix ans pour arriver, dans ces contrées, à un embryon d'organisation à la fois économique et politique, peuvent sembler un temps considérable aux personnes étrangères à cet ordre de questions. Eh bien ! Messieurs, je vous affirme qu'il y a dix ans je ne croyais pas obtenir en si peu de temps un pareil résultat. Il n'a fallu rien moins que le concours intelligent de mes collaborateurs et des soins constants, pour aboutir à la solution actuelle qui est, je crois, la seule possible. Ce que la patience et la persévérance ont fait en dix ans, la force n'eût pu l'accomplir, même au prix des plus grands sacrifices.

« Ailleurs que dans l'Ogôoué, sur les plateaux Batékés qui séparent le bassin de cette rivière de celui du Congo, nous avons, dans les groupes de villages voisins de la route, plus de 3,000 hommes qui, pour n'être pas encore précisément enrôlés et disciplinés, n'en effectuent pas moins honnêtement et régulièrement nos transports.

« Les Batékés du haut Alima ont commencé à devenir nos pagayeurs, et à l'ouest de Brazzaville les Ballalis, en attendant de devenir nos porteurs, nous fournissent plus de travailleurs qu'on n'en saurait utiliser.

« Dans le haut Congo, enfin, chez les peuplades encore barbares, notre action est trop récente pour avoir pu produire de semblables résultats; je ne doute pas, toutefois, que nous ne les obtenions par la patience. Les immolations humaines, qui sont dans les coutumes de ces peuples, deviennent moins fréquentes. Si nous avions voulu les moraliser par la force, nous n'aurions pas obtenu ce commencement de progrès qui nous a dédommagés de lents et pacifiques efforts.

« En un mot, à différents titres et dans des contrées différentes, depuis l'indigène transformé en soldat et qui passe un an sous les armes, jusqu'à celui qui porte un ballot pendant sept jours, environ 7,000 hommes sont employés annuellement par nous. Ils perdent à notre contact les vices de leur sauvagerie primitive; notre langue et notre influence se répandent dans leurs familles et dans leurs tribus, et ce groupe qui représente une population d'environ cinq millions d'âmes, se forme progressivement à l'école du travail et du devoir. Une influence ainsi basée doit être stable et féconde, et je puis en donner une preuve. Il y a douze ans, le seul commerce du haut Ogôoué était la traite des esclaves ; le chiffre total du commerce du Gabon atteignait à peine deux millions ; aujourd'hui le commerce licite a remplacé l'ancien trafic, et le chiffre des transactions atteint environ quatorze millions de francs.

« Enfin, nos possessions, qui jadis ne comprenaient qu'une bande étroite et insignifiante de côte, entre le cap Saint-Jean et le cap Sainte-Catherine, sont actuellement plus que centuplées. Elles ont aujourd'hui pour limites : au nord, la rivière Campo ; à l'est, l'Afrique centrale, puisque la Convention du 5 février 1885 nous donne le bassin de la N'Kundja-Oubangui ; au sud, enfin, elles touchent le Cacongo, limite qui bornait au nord les prétentions d'une nation amie. Cette limite, historique plutôt que réelle, nous avions tenu toujours à la respecter, nous en avions donné le gage ; le Portugal voudra certainement, à son tour, la respecter aujourd'hui.

« Il nous a fallu, au D$^r$ Ballay et à moi, dix ans pour atteindre les résultats que je viens d'exposer. Dans ces dix années, nous avons dépensé deux millions deux cent cinquante mille francs. Notre crédit moral auprès des indigènes et notre manière d'agir ont été pour nous l'équivalent des sommes considérables qu'a dû dépenser l'Association internationale africaine. Notre lenteur même a valu à notre autorité de s'établir dans ces contrées sans coûter du sang ni à l'Europe ni à l'Afrique, et sans amener aucun froissement ni aucun trouble dans la politique générale de la France.

« Laissant maintenant le passé pour l'avenir, je me demande ce qui reste à faire encore.

« Ces contrées de l'Ouest africain qui constituent notre nouvelle colonie sont loin d'être toutes parfaitement étudiées, complètement organisées, et ne peuvent entrer en exploitation que le jour où des voies de communication auront relié à la mer l'immense réseau navigable de l'intérieur. Il reste donc à poursuivre notre œuvre d'étude et d'organisation, et, pour la continuer dans les meilleures conditions possibles, il suffirait d'y employer une cinquantaine d'Européens et à peu près deux cents noirs, soit une dépense annuelle d'environ un million : c'est prêter à un avenir que je crois solvable, mais il serait de toute nécessité d'établir un sérieux programme d'ensemble. Il faudrait, tout d'abord, que des crédits successifs fussent, dès aujourd'hui, assurés d'année en année. Sans un avenir ainsi garanti, un programme complet d'exploration et d'organisation ne saurait être exécuté, ni même préparé. — J'ajoute que ce programme doit absolument s'inspirer des vues et des procédés que nous avons employés, seule sauvegarde de la sécurité et du sage développement commercial du pays, seul garantie du maintien de nos moyens d'action et de l'économie dans nos budgets futurs.

« L'avenir du bassin du Congo, considéré d'une façon tout à fait générale, dépend en partie des voies de communication à créer. Dans les obscurités actuelles de la question, je ne sais ni où, ni quand, ni comment ces voies seront établies ; mais je puis affirmer qu'elles le seront quelque jour. Plus ou moins tôt, plus ou moins tard, cela dépendra plus encore des procédés que du reste. Par là, je m'éloigne peut-être de certaines opinions qui, trop légèrement émises, ne font pas assez la part du temps et des circonstances. Ces opinions diffèrent encore des miennes en ce sens que je considère l'Ouest africain et le bassin du Congo comme un pays dont l'avenir dépend du commerce et de la culture indigènes, non de la colonisation par l'émigration.

« Nous sommes là en face d'un problème économique et social fort ardu. Pour travailler à le résoudre, la science n'aura pas trop de toutes ses notions.

« Voilà une contrée neuve encore, où s'acclimateront individuellement quelques Européens, mais où l'Européen en général, surtout celui du Nord, se trouvera dans un milieu défavorable à son tempérament. Cependant on convient que les richesses naturelles de ce pays merveilleusement arrosé sont considérables ; mais il faut les aller chercher au cœur du continent, en former de grands courants et les diriger vers la côte. Il faut compter aussi que certaines cultures convenablement établies s'ajouteraient encore à ces richesses naturelles, sous une latitude qui, tout en étant plus à portée de l'Europe, est celle de Sumatra, de Bornéo et du Brésil.

« Sans parler ici de l'ouverture des voies de communication, à laquelle il y aurait à pourvoir d'une manière spéciale, la récolte des produits du sol, l'établissement des cultures, représente une main-d'œuvre considérable, qu'on ne peut demander ni aux Arabes, ni aux Chinois, ni surtout aux ouvriers de race blanche.

« Or cette main-d'œuvre, nous la trouvons sur place, dans des populations fort primitives, il est vrai, mais non point inintelligentes, et qui sont assez maniables pour qui sait les manier, ne pas les heurter, apporter dans les relations avec elles beaucoup de fermeté, une bienveillance sans faiblesse et une patience sans limites.

« En voulant leur imposer brusquement nos réglementations, nos manières de faire, de voir et de penser, nous arriverions infailliblement à une lutte ou nous les conduirions à l'anéantissement. A part même la question d'humanité, la protection des indigènes me semble être, en ce cas, l'hygiène la plus sûre pour la poule aux œufs d'or.

« Aussi bien que personne, je connais les difficultés de création d'une colonie sans en forcer le développement, sans vouloir qu'elle rentre dans un type déterminé. Que la haute administration, que le haut commerce prennent garde de vouloir mettre trop vite en coupe réglée une possession qu'à vrai dire nous connaissons encore insuffisamment et dont les indigènes ne sont pas encore initiés à ce que nous voulons d'eux.

« Ainsi donc notre action, jusqu'à nouvel ordre, doit tendre surtout à préparer la transformation des indigènes en agents de travail, de production et de consommation ; plus tard viendra l'Européen avec le simple rôle d'intermédiaire.

« Je ne saurais assez le répéter ici : préparer un pays à la colonisation est œuvre de temps et de patience. Ce qu'il reste donc à faire, c'est d'étendre à nos possessions du haut Congo l'action qui s'exerce actuellement sur les rives de l'Ogôoué, et cette tâche ne saurait être ni l'œuvre d'un jour, ni celle d'organisateurs qui auraient tout à apprendre, quels que soient leur intelligence et leur bon vouloir.

« L'influence personnelle est grande maîtresse en ces questions; aussi, à des influences changeantes et variées il faudra préférer l'action continue et persistante des mêmes hommes, qui conduit à tous les résultats chez les peuplades primitives. Ces peuplades aiment d'abord le drapeau pour celui qui le porte, et la plupart du temps personnifient en ceux qu'elles connaissent l'idée vague du pays lointain dont on leur parle. Voilà pourquoi il faudrait, autant que possible, les mêmes volontés à la même tâche, sur les mêmes lieux, les mêmes dévouements aux mêmes intérêts. Faute de similitude dans les procédés dont on use envers eux, les indigènes perdent rapidement confiance ; et de la méfiance à la peur et à la méchanceté il n'y a qu'un pas.

« Outre que la force est un mauvais moyen, il est impossible de l'employer actuellement dans les contrées de l'intérieur. La présence de nos canonnières du Gabon dans le Remboé et le Comô sont bien loin d'avoir civilisé ou pacifié le pays. Les rapides de l'Ogôoué sont du reste, pour ces engins de guerre, une barrière infranchissable.

« Ce qu'il faut redouter par-dessus tout, c'est de renverser en un jour l'œuvre de dix années, car l'intervention de la force dans une œuvre préparée par la patience et la douceur peut tout perdre d'un seul coup.

« Les territoires assez vastes déjà que les traités passés par moi avec différents chefs avaient placés sous l'influence française, le Congrès de Berlin leur a donné plus d'ampleur encore. Il a inscrit sur la carte d'Afrique, à côté des possessions portugaises, deux États nouveaux : le Congo français, plus étendu que la France elle-même, et l'État indépendant du Congo. Par la vertu des protocoles, ces deux immenses contrées, peuplées d'enfants de la nature, sont comme entrées dans le concert des États civilisés. Je veux dire par là que, suivant les circonstances et bon gré mal gré, ils pèseront plus ou moins sur leurs métropoles. L'État indépendant du Congo, voisin du Congo français, relève nominalement du souverain d'un royaume avec lequel la France entretient les meilleures relations. Ces relations seront certainement les mêmes sur les rives du Congo, car je ne doute pas que les nobles vues auxquelles le nouvel État libre doit ses origines, ne continuent à présider de haut son développement. »

# CHAPITRE VII.

## Conférence de Berlin.

Pendant que M. de Brazza luttait si vaillamment sur les bords de l'Ogôoué et du Congo pour l'extension de nos possessions ; pendant qu'il poursuivait sa conquête pacifique, qu'il créait des établissements, organisait les postes et les stations, assurait leur ravitaillement, la diplomatie européenne réglait la question du Congo dans une grande Conférence réunie à Berlin.

Nous avons vu quelle est l'origine de l'Association internationale du Congo, et comment, d'internationale qu'elle était à son début, elle menaça, grâce aux agissements de son chef, M. Stanley, de devenir Belge.

La situation était déjà très tendue au retour de M. de Brazza en France : la nouvelle de son traité avec Makoko et de son exploration du Niari avait mécontenté l'Association qui, aussitôt après son départ, s'était empressée de créer cinq stations dans le bassin de ce fleuve.

Ce fut bien pis lorsqu'on apprit que les Chambres françaises avaient ratifié le traité passé avec Makoko.

Cet acte de notre Parlement eut pour conséquence immédiate de soulever des protestations de la part de deux puissances européennes.

La Hollande réclamait un petit territoire qu'elle avait autrefois occupé sur la rive droite du Congo, dans le pays des Batékés ; cette revendication ne fut même pas prise en considération.

De son côté, le Portugal faisait valoir des droits de priorité à l'occupation des rives du fleuve ; mais quand les déclarations du ministre des affaires étrangères et les rapports de la Chambre et du Sénat eurent fait savoir que notre gouvernement reconnaissait au Portugal la possession de la rive gauche du Congo, et la légitimité de ses prétentions sur les territoires situés sur la côte, au-dessous de 5° 12' de latitude sud, l'émotion se calma, et la presse portugaise fut unanime à louer la générosité de notre conduite.

Sur ces entrefaites, un accord fut conclu entre la France et l'Association internationale, qui comprenait enfin que notre concours lui était indispensable pour mener à bien l'œuvre qu'elle avait entreprise. Sans aller aussi loin que les Etats-Unis, qui reconnaissaient l'Association comme puissance constituée, nous prenions l'engagement de respecter tous les territoires occupés par elle, de n'apporter aucun obstacle à la mission qu'elle s'est donnée et d'agir avec elle en bon voisin ; de son côté, l'Association déclarait qu'elle ne céderait jamais à aucune puissance les stations fondées par elle au Congo et dans les vallées du Niari. Toutefois, « voulant témoigner de ses sentiments amicaux pour la France, elle s'engagea à lui donner le droit de préférence si, par des circonstances imprévues, elle était amenée un jour à réaliser ses possessions (1) ».

---

(1) *Livre jaune*, affaires du Congo.

Bien accueilli à la Haye et à Berlin, cet arrangement n'eut pas l'heur de plaire à nos voisins les Anglais ; les journaux de la Grande-Bretagne n'eurent pas assez de sarcasmes contre cette même Association qu'ils avaient tant admirée quand il s'était agi de la placer sous la direction de Gordon.

Là où les Anglais avaient rêvé d'établir, à leur profit, un monopole de douanes, comme en Chine, ils se voyaient forcés de vivre avec les autres nations sur le pied de la plus parfaite égalité.

John Bull ne pouvait accepter cette situation. Alors intervint avec le Portugal un traité dans lequel, en échange de la reconnaissance des droits du Portugal sur certains territoires contestés, celui-ci assurait à l'Angleterre le protectorat de toute la région du Congo.

Ce traité souleva, de la part de toutes les nations de l'Europe, d'unanimes protestations, et M. de Bismarck alla jusqu'à déclarer, dans une lettre rendue plublique, que S. M. l'Empereur ne pouvait accepter l'application des clauses du traité anglo-portugais aux sujets allemands. Ce traité était tellement défectueux et arbitraire que, le 16 mai 1884, lord Grandville, répondant à une question qui lui était adressée à la Chambre des lords, déclara : « Que tous les délégués des chambres de commerce — et ils sont nombreux — venus au Foreign-Office admettaient que le traité était bien fait ; mais qu'en même temps, ils confessaient que la principale objection venait de ce que l'Angleterre aurait dû *prendre possession* du pays ».

Le résultat de toutes ces réclamations fut la dénonciation du traité. Cette situation ne pouvait se dénouer que par une conférence européenne. L'Allemagne en prit l'initiative, et la Conférence s'ouvrit à Berlin le 15 novembre 1884. Dès lors, l'activité diplomatique fut incessante.

« Pendant quatre mois, dit M. Banning, tout en s'acquittant de sa mission propre, la Conférence de Berlin a été le foyer de négociations actives, poursuivies en dehors d'elle, mais étroitement liées à l'objet de ses délibérations. Il s'est agi de généraliser la reconnaissance et de fixer les limites du territoire de l'Association. Jusque dans les premiers jours de janvier 1885, les traités de reconnaissance furent successivement conclus, sur la base commune de la liberté commerciale absolue, avec l'Angleterre, l'Italie, l'Autriche-Hongrie, les Pays-Bas, l'Espagne, la France, la Russie, la Suède et la Norvège, le Danemark et le Portugal. »

Les négociations avec la France furent longues et laborieuses : nous ne voulions pas abandonner la possession du bassin du Quillou que Brazza et ses compagnons avaient exploré; mais, d'un autre côté, l'Association y avait créé quelques comptoirs, et ne voulait les céder que contre un paiement de cinq millions de francs ; d'autre part, l'Association ne pouvait nous reconnaître propriétaire de ces territoires sans avoir la certitude de l'abandon des prétentions du Portugal sur la rive droite du Congo.

Cependant, nous obtinmes gain de cause, et cette région nous fut attribuée.

Après avoir conclu toutes ces conventions, l'Association les notifia à la Conférence de Berlin ; puis elle avisa le chancelier de l'Empire d'Allemagne qu'elle adhérait aux résolutions qui seraient prises par la Conférence.

Les points sur lesquels devaient délibérer les plénipotentiaires réunis à Berlin, étaient les suivants :

1° Liberté de commerce et libre accès pour tous les pavillons sur le Congo.

2° Etablissement d'un régime semblable sur le Niger.

3° Fixation des règles et formalités qui devront être observées pour prendre, à l'avenir, valablement possession de territoires non encore soumis à une nation civilisée.

La Conférence a d'abord délimité exactement le bassin du Congo, puis, passant à la première question, elle a déclaré la liberté de la navigation sur le Congo et le Niger : « Tous les pavillons, sans acception de nationalité, auront libre accès à tout le littoral des territoires émumérés ci-dessus, aux rivières qui s'y déversent dans la mer, à toutes les eaux du Congo, y compris ses affluents et les lacs.... Les marchandises de toutes provenances importées dans ces territoires, sous quelque pavillon que ce soit, par la voie maritime ou fluviale, ou par celle de terre, n'auront à acquitter d'autres taxes que celles qui pourraient être perçues, en compensation de dépenses utiles pour le commerce, et qui, à ce titre, devront être également supportées par les nationaux et par les étrangers de toute nationalité ».

Abordant la question de l'esclavage, les plénipotentiaires ont voté la déclaration suivante : « Les puissances qui ont la souveraineté ou qui exercent une influence sur les territoires formant le bassin conventionnel du Congo, déclarent que ces territoires ne peuvent être utilisés ni comme marché, ni comme passage pour la traite des esclaves de n'importe quelle race. Chacune de ces puissances s'engage à prendre toutes les mesures en son pouvoir pour mettre fin à ce commerce et punir ceux qui le font ».

La discussion des formalités à remplir pour prendre possession d'un territoire non encore soumis à une nation civilisée, donna lieu à de longs pourparlers; nous ne nous en occuperons pas, cette question étant en dehors de notre sujet.

La Conférence de Berlin réglait ainsi la question du Congo dans ses grandes lignes, il ne restait plus à chaque Etat que le soin de travailler en paix à cette œuvre de civilisation. En outre, elle faisait cesser toutes les rivalités existant entre les diverses nations installées au Congo, en délimitant d'une façon certaine les frontières de chacune.

La grande place qu'y occupe la France est due au courage, à la persévérance et à l'énergie de M. de Brazza et de ses compagnons, Marche, Ballay, Dutreuil de Rhins, et de ceux qui encore aujourd'hui travaillent, là-bas, pour l'extension de l'influence française sur le grand continent africain.

## CHAPITRE VIII.

### Etat actuel du Congo. — Etat libre du Congo.

Par suite des décisions de la Conférence de Berlin, l'immense région connue sous le nom de Congo se trouve divisée en trois parties : l'Etat libre du Congo, dont nous avons donné les limites au chapitre I$^{er}$ ; le Congo français, et le Congo portugais.

De l'Etat libre du Congo, nous avons peu de chose à dire: cette vaste contrée est à peine connue; seules, les rives du fleuve ont été explorées par des Européens ; mais la majeure partie de ses affluents, dans la région supérieure, sont absolument ignorés. Des cataractes de Stanley à l'équateur, s'élèvent maintenant, sur les deux rives du fleuve, de nombreux établissements ; de l'équateur à la mer, la rive gauche du Congo fait seule partie de l'Etat libre.

Les principales stations de l'Etat libre du Congo sont, en remontant son cours :

*Banane*, dont nous avons déjà parlé. Sur ce petit coin de terre, où le sol a une valeur vénale plus grande que dans beaucoup de nos villes européennes, s'élèvent de nombreuses factoreries; celles de la Compagnie hollandaise sont de beaucoup les plus importantes. La *Nieuwe Afrikaansche Handels Genootschaap* occupe près de la moitié de la pointe de Banane. Malgré les marécages qui l'environnent, sa situation est extrêmement salubre, parce qu'elle est sans cesse rafraichie par les brises de la mer. Son territoire est, du reste, d'une admirable propreté, grâce à la présence d'innombrables corbeaux à scapulaires qui dévorent, à mesure qu'ils arrivent, les détritus de toute sorte que laisse l'Océan sur la plage.

Ces utiles animaux, qui se chargent du nettoyage de la voie publique, comme les zopilotes au Mexique, et les urubus dans la Guyane française, sont l'objet d'une protection toute spéciale de la part des habitants de Banane. Ils sont presque apprivoisés, et ne s'enfuient pas à l'approche de l'homme, dont ils n'ont rien à craindre; ils se réunissent en grand nombre sur la plage sablonneuse et enlèvent avec une rapidité inouïe tout ce que les crabes de terre sont trop longs à manger.

L'établissement hollandais occupe environ quarante employés blancs. Les Krowbays, Krowmen et Kabindas, chargés, dans la factorerie, des travaux pénibles, du déchargement et du chargement des navires, sont au nombre de trois ou quatre cents.

Sur la rive gauche du fleuve, à trente kilomètres de la mer environ, est le village de *Kissangé*; le terrain sur lequel s'élève la station est entouré de tous côtés par un bras du fleuve. Les maisons et les factoreries sont cachées dans une végétation luxuriante de palmiers, de papyrus et d'arbres des tropiques, qu'habitent des milliers d'oiseaux au plumage multicolore.

*Ponta da Lenha* (la Pointe du Bois), ainsi nommée, sans doute, parce que les steamers y viennent faire leurs provisions de combustible. La station est dans l'estuaire du Congo, à soixante-dix kilomètres de l'Océan ; elle est construite sur un terrain bas, et que l'on a dû protéger, par une estacade, contre les envahissements du fleuve, qui chaque jour empiète sur les rives. Il y a quelques années, une petite factorerie tenue par un Français disparut un beau jour ; actuellement, vingt pieds d'eau coulent où s'élevait autrefois la demeure de notre compatriote.

A cent kilomètres environ des bouches du Congo, s'élève *Boma*, il y a peu de temps encore, dernier établissement des Européens sur le fleuve. Boma se compose d'une réunion de factoreries, c'est-à-dire d'un certain nombre de bâtiments séparés, servant de magasins et d'entrepôts, et des maisons d'habitation des chefs de ces établissements. Au-dessus de ces constructions, flottent les pavillons français, anglais, hollandais et portugais, indiquant la nationalité des commerçants.

Ces comptoirs appartiennent à des compagnies dont le siège est en Europe ; elles envoient des agents fonder des stations sur les deux rives du Congo. Le dépôt central est à Banane ; c'est là qu'arrivent les marchandises venues d'Europe sur les grands steamers ; de petits vapeurs spéciaux, des goëlettes, des chalands et même des canots indigènes les portent ensuite dans les différents ports, et notamment à Boma : aussi, cette partie du fleuve est-elle toujours sillonnée par un nombre considérable de navires de tous tonnages.

Au-dessus de Boma, le fleuve offre une vague ressemblance avec les environs de Stanley-Pool : ce sont les mêmes collines élevées, les mêmes rives désertes et sans habitations.

Voici comment M. Stanley explique cette solitude qui étonne, aussi près de l'Océan :

« Boma a son histoire, histoire cruelle et sanglante. C'est là qu'autrefois on réunissait, pour les envoyer au Brésil, dans les Indes occidentales, dans l'Amérique du Nord, d'où ils ne revenaient jamais, les esclaves enlevés de vive force dans les villages environnants. Des flottes entières faisant ce honteux commerce jetaient l'ancre devant Boma. Les navires arrivaient chargés de gin, de rhum et d'eau-de-vie ; en échange de ces liqueurs fortes, les capitaines engageaient les gens de Boma à se répandre dans l'intérieur et, par tous les moyens possibles, à s'emparer des malheureuses victimes.

« Bientôt, Boma n'eut plus seule ce monopole. Gagnées par l'exemple, Punta da Lenha, Nokki, Mussura et autres villes riveraines dépêchèrent aussi leurs émissaires, jusqu'à ce qu'il n'y eût plus un seul village habité, de la mer à Stanley-Pool : voilà pourquoi les populations noires se sont éloignées du fleuve et pourquoi ses rives sont aujourd'hui désertes. »

En 1879, vivait encore un homme qui aurait pu dire les scènes d'horreur dont Boma fut témoin ; il demeurait dans une petite factorerie, près de l'Océan. Cet homme s'était rendu coupable d'un crime atroce : une nuit, alors qu'il habitait Boma, ses magasins avaient été incendiés, et on lui avait volé son gin et son rhum : c'est ainsi que ses esclaves, poussés à bout par ses mauvais traitements, avaient résolu de se venger.

Après une enquête sommaire, les coupables furent arrêtés ; leur maître les prit, riva un collier de fer au cou de chacun et y fixa une courte chaîne, dont l'extrémité fut rattachée à une longue chaine. Ainsi liés ensemble, les malheureux furent embarqués et conduits au milieu du fleuve, puis jetés par-dessus bord. Grâce à la précaution du misérable, tous furent noyés.

Le courant entraina cette grappe humaine vers la mer, mais le flot la rejeta sur la plage ; les cadavres furent retrouvés liés ensemble par le consul anglais à Banane, et l'on connut le coupable par la chaîne : elle portait son nom gravé sur un maillon. Est-il besoin de dire qu'il ne fut pas poursuivi ?..... Ses esclaves lui appartenaient ; il les avait payés. De plus, ils avaient brûlé un de ses magasins. Nous tairons son nom et sa nationalité.

Boma est un endroit fort malsain : des marécages plantés de palétuviers entourent la station ; il s'en dégage sans cesse des miasmes pestilentiels, que les vents sont impuissants à dissiper. Les moustiques et les maringouins sont, à Boma, un véritable fléau, et le fleuve est infesté de crocodiles.

Entre Boma et Yellala, l'Association compte dix-neuf stations. La plus importante, celle de *Vivi*, s'élève sur une roche escarpée, haute de 270 pieds ; de blanches maisons couronnent le sommet de l'éminence ; on dirait une *casbah*, ou ville forteresse orientale. La maison principale de Vivi est la « maison de Stanley », confortablement aménagée ; à côté, des baraques servent de logement aux blancs. Au bas de ces constructions, en descendant la colline, les demeures des Zanzibarites, des Krowmen et des Kabindas ; cette sorte de petite ville indigène est très propre, et contient plusieurs cases importantes. Par sa position, Vivi ressemble bien plutôt à un poste militaire qu'à une station commerciale ; c'est de là que part la route qui, longeant la rive droite du Congo, rejoint Isangila. Devant Vivi, le fleuve n'a pas plus de six cents mètres de large ; mais sa profondeur atteint trois cents pieds.

A quelques kilomètres de Vivi, après un coude du fleuve, sont les cataractes de Yellala ; avant d'arriver aux chutes, le Congo coule majestueux et tranquille jusqu'à un large banc de roches qui barrent son lit ; furieux de l'obstacle qui arrête son cours, il s'élance pour le surmonter, et tombe de cascade en cascade jusque dans la dernière chute, où il tourbillonne écumant ; le bruit de la chute s'entend à plusieurs kilomètres. En réalité, la série de descentes qui forment la cataracte n'ont guère plus de trois à quatre mètres chacune ; mais cette succession de chutes et les hauts rochers qui les suivent, impriment aux eaux du fleuve une force et une vitesse étonnantes ; c'est un chaos de vagues furieuses qui semblent lutter de vitesse et de violence ; le sommet est couvert d'une blanche écume, dont les embruns se répandent dans l'air comme un brouillard

N'TÉTÉ M'BONGO, ROI DE YELLALA, ET SES FEMMES.

Non loin des chutes, sont les petits villages indigènes de Yellala et de Kaï, perdus dans un immense bouquet de palmiers et de bananiers ; la distance qui sépare les deux villages est admirablement cultivée par les indigènes.

A Yellala habite un roi, N'tété M'bongo, dont la domination s'étend sur Kaï et trois ou quatre autres villages ; c'est un homme d'une cinquantaine d'années, relativement intelligent ; il aime beaucoup les blancs et semble heureux quand un de ceux-ci vient lui faire visite. Pour la circonstance, il revêt son plus beau costume : une blouse de laine rouge et une sorte de large pantalon de couleur foncée, ou simplement une pièce d'étoffe roulée autour de ses reins ; de lourds bracelets de cuivre ornent ses poignets et ses chevilles. Accroupi sous la vérandah de sa maison, ses femmes à ses côtés, il reçoit les voyageurs et leur offre une hospitalité qui n'est pas toujours désintéressée.

Comme Vivi, *Isangila* s'élève sur une éminence commandant le fleuve. Le village indigène est situé à quelque distance dans les terres, sur l'ancienne route que suivaient les naturels pour porter l'ivoire et les marchandises d'échange de Stanley-Pool à San-Salvador. Dans le village se tient, tous les quatre jours, un marché fort important ; les indigènes y viennent, de plus de cent cinquante kilomètres, apporter les produits de leurs champs et de leurs basses-cours. Rien n'est plus bruyant qu'un marché africain, et les cris des négresses offrant leurs marchandises s'entendent à de grandes distances. Le marché dure un jour, et, le reste du temps, la place où il se tient est déserte et silencieuse.

Isangila est le point extrême atteint par le capitaine Tuckey ; il l'appelait, dans son journal, Sangalla. En face, dans Prince-Island (l'île du Prince), sont enterrés les membres de la mission morts dans ces parages.

*Manyanga* est à un jour de marche d'Isangila ; comme les deux autres stations, elle est placée sur une hauteur escarpée ; elle se compose de quelques maisons pour les Européens, et de cases pour les Zanzibarites, que l'on rencontre dans tous les établissements fondés par Stanley ; ils forment son armée. De grands magasins en briques cuites au soleil servent aux approvisionnements des autres stations.

Il y a quelques années, pendant l'absence de Stanley, les indigènes des environs, des Sundi, se prirent de querelle avec les hommes de la garnison ; ils reprochaient à ceux-ci, de laisser errer leurs porcs, qui ravageaient les plantations. Leur réclamation étant restée sans effet, ils attaquèrent la station. Mal leur en prit : les Européens et les soldats zanzibarites firent une sortie, repoussèrent les naturels, et, en manière de représailles, brûlèrent leurs villages et confisquèrent une partie de leurs territoires. A la suite de cette rébellion, Manyanga a été fortifiée de telle sorte qu'il faudrait des soldats européens et du canon pour s'en emparer.

Manyanga est le dernier point de la rive droite

LE ROI LUTETE.

appartenant à l'Association ; là commence le territoire français. C'est aussi le centre d'un marché qui rivalise avec celui d'Isangila ; la principale monnaie d'échange de cette place est la perle bleue ; le foulard rouge, la perle rouge, le bracelet de cuivre, n'ont pas la faveur des indigènes qui fréquentent le marché de Manyanga. Chaque région a, du reste, son objet d'échange préféré.

Un peu au-dessus de Manyanga passe la route qui, ds Stanley-Pool, va rejoindre le Haut-Niari et conduit directement à la mer à travers nos possessions.

Entre Manyanga et Stanley-Pool, sur « la route d'ivoire » de San-Salvador et d'Ambizette, on rencontre la petite station de *Lutete*, fondée par Stanley : elle a pris le nom d'un village indigène situé dans le voisinage, résidence d'un petit roi qui porte le même nom. Fort pacifique du reste, et depuis longtemps soumis à Stanley, le jeune Lutete passe son temps à boire du soda-water, qu'il appelle « eau du diable », à cause du bruit que font les bouchons en sautant, et de l'effervescence de cette eau gazeuse ; il collectionne des gravures peintes des journaux illustrés anglais ; c'est en accompagnant à la côte ses sujets portant l'ivoire, qu'il se procure ces objets ; l'intérieur de sa case en est entièrement tapissé ; il les montre avec fierté aux chefs voisins qui viennent le visiter. Il est toujours vêtu d'une vieille tunique d'uniforme, d'une jupe aux couleurs choquantes, et coiffé d'un bonnet de coton.

*Léopoldville* s'élève en amphithéâtre sur les pentes

qui forment la rive gauche du Stanley-Pool ; la station ressemble à toutes celles créées par Stanley ; elle est située à l'extrémité sud-ouest de l'étang, près de l'endroit où le fleuve rentre dans son lit, en face de Brazzaville. Tout autour de la station s'étendent de grands jardins, bien cultivés, où poussent en abondance des bananiers, des fruits, des légumes, et surtout du manioc.

*Bolobo*, récemment encore la dernière station européenne sur le haut fleuve, est située à l'endroit où le Congo, s'élargissant démesurément, coule au milieu d'innombrables îlots boisés; cette station, encore peu importante, est rendue particulièrement désagréable par l'abondance des moustiques. Créé par Stanley en 1882, la station de Bolobo eut des commencements difficiles : elle fut détruite par deux incendies dus à la malveillance des indigènes. Le second se déclara dans les circonstances suivantes : M. Stanley venait de reconstruire la station, et de partir pour explorer le haut Congo, quand, un soir, le feu éclata dans la maison réservée au chef; on arrêta un indigène se sauvant à toutes jambes; interrogé, il se déclara l'auteur du méfait. Quand on lui demanda pourquoi il avait voulu brûler la station, il répondit qu'un de ses camarades, employé comme lui dans l'établissement, allait mourir; or, c'est la coutume, dans la tribu de cet homme, de sacrifier un certain nombre d'esclaves sur la tombe du défunt. Voulant donc faire à son ami des funérailles dignes de lui, il avait incendié les bâtiments, espérant qu'une partie des noirs attachés à la station, et qu'il considérait comme des esclaves, périraient dans le feu.

Il paya de sa vie sa criminelle tentative.

De ce point, jusqu'au confluent de l'Arouwimi, l'Association compte encore quatre stations fondées en 1884 : Arouwimi, Opoto, Bamgala et Equateur. Enfin, l'établissement le plus éloigné est celui de Stanley-Falls, ou chutes de Stanley ; il est situé dans l'île de Ouana Brousani, en aval de la dernière cataracte.

Toute cette partie du fleuve est occupée par une population très dense, avec laquelle Stanley eut souvent maille à partir, lors de sa première descente du Congo : ce sont les Ouyena, les Yambaris, les Bangala. Depuis, M. Stanley est retourné dans ces parages ; les habitants n'avaient pas oublié la façon énergique dont le voyageur avait repoussé leurs attaques et châtié leur insolence ; en le voyant revenir, ils manifestèrent la velléité de prendre leur revanche ; mais Stanley était accompagné de deux cents hommes armés de fusils à tir rapide ; les indigènes se soumirent, et, soit par la force, soit par des présents, le chef de l'expédition les amena à signer avec lui des traités avantageux. Aujourd'hui ces peuplades guerrières laissent vivre en paix les employés des stations établies sur cette partie du fleuve.

En résumé, l'Etat libre du Congo n'est véritablement connu que sur les rives mêmes de la grande rivière ; mais peu à peu, à mesure que de nouveaux établissements seront créés, les Européens s'avanceront sur le cours des affluents du Congo, élargiront la zone explorée, et bientôt toute cette partie du continent africain sera jalonnée d'un nombre considérable de stations ; à la fin de 1885, leur chiffre dépassait déjà cinquante.

# CHAPITRE IX.

### Les possessions françaises. — Le Congo portugais.

Nous désignerons sous le nom de Congo français toute la région comprise entre le Congo et l'Ogôoué, et renfermant le bassin du Quillou ou Niari. En réalité, il fait suite à nos possessions du Gabon (1) et nous constitue propriétaires d'une ligne de côtes s'étendant de 5° 30' sud à 2° 25' nord, sur une longueur de plus de *douze cent quatre-vingt-cinq* kilomètres. Trois grands fleuves traversent cette région: le Gabon, l'Ogôoué et le Quillou, qui relie Stanley-Pool à l'Océan.

A l'est, notre territoire suit la rive droite du Congo jusqu'à l'équateur ; dans ce parcours, trois grandes rivières viennent porter leurs eaux dans le Congo : le Liboko, qui relie le fleuve à Oubandji et dont M. Dolisie explore le cours à l'heure actuelle ; l'Alima, qui rejoint le Congo à l'Ogôoué et les Séfimi.

Au sud, le Tchiloango sépare nos possessions de celles du Portugal et de l'Etat libre.

La voie fluviale la plus importante du Congo français est assurément le Quillou ou Niari, exploré et reconnu par M. de Brazza et ses compagnons. Ce fleuve, large de 90 à 100 mètres, est navigable, par canot à vapeur, sur tout son cours moyen, et en partie

---

(1) Pour le Gabon, voir : *Nos Petites Colonies*, par Fernand Hue et Georges Haurigot, 2ᵉ édition. Lecène et Oudin, Paris, 1884.

sur son cours supérieur ; il forme une route fluviale aisément praticable et de beaucoup préférable à celle du Congo et même de l'Ogôoué. De plus, cette route, dont nous possédons l'entrée par suite de l'annexion du port de Loango sur l'Atlantique, traverse un territoire français, éminemment fertile, où nous avons déjà créé plusieurs stations ; elle aboutit à cent vingt kilomètres seulement de Brazzaville. Avec un service régulier de porteurs, le trajet de Stanley-Pool à l'Océan par cette voie peut aisément s'effectuer en *vingt* ou *vingt-cinq* jours.

Le second cours d'eau important du Congo français est l'Alima, qui se jette dans le Congo, au-dessus de Bolobo, c'est-à-dire dans la portion navigable du haut fleuve ; c'est par cette rivière et ses affluents, le Diélé et la Passa, que M. de Brazza a relié, au moyen d'une route carrossable, le Congo et l'Ogôoué, par Franceville.

Voici, du reste, l'opinion d'un homme dont on ne peut suspecter la partialité à notre égard, M. Stanley :

« La France est maintenant maîtresse d'un territoire ouest africain remarquable par ses dimensions, et qui ne le cède en rien aux régions tropicales les plus favorisées pour leurs productions végétales ; il est riche en minéraux et il promet beaucoup dans l'avenir, pour son importance commerciale.

« Sa superficie est de 257,000 milles carrés, c'est-à-dire qu'elle est égale à celles de la France et de l'Angleterre réunies ; pour pénétrer dans l'intérieur, il possède une voie fluviale de 5,200 milles ; à l'ouest, se développe une côte de 300 milles, baignée par l'Océan Atlantique ; il renferme dans ses limites huit bassins fluviaux, et, sur toute son immense étendue de 90,000,000 d'hectares, on n'en saurait trouver un entièrement dépourvu de tout. »

Et ce vaste territoire, ajoute Stanley, la France l'a acquis « grâce à l'énergie et au talent de M. de Brazza, grâce au dévouement et à l'intelligence de ses agents ».

Les stations du Congo français sont :

Sur le Quillou : Bas-Quillou, Ngotou, Niari-Loudina et Philippeville.

Sur la côte : Loango et Pointe-Noire.

Sur le haut Ogôoué : Madiville, où vient de mourir M. de Lastours, un des compagnons de Brazza ; en mémoire de ce dévoué collaborateur, M. de Brazza a demandé que désormais Madiville prît le nom de Lastourville ; Doumé et Franceville.

« La situation de Franceville est réellement belle, dit M. de Brazza ; elle se dresse sur la haute pointe d'un mouvement de terrain qui, après s'être insensiblement élevé, à partir du confluent de l'Ogôoué et de la Passa, tombe, par une pente rapide, d'une hauteur de plus de 100 m. sur la rivière qui coule à ses pieds. L'horizon lointain des plateaux, dans un panorama presque circulaire, les alignements réguliers des villages qui couvrent les pentes basses, la note fraîche des plantations de bananiers tranchant sur les tons rouges des terres argileuses, font de ce point une des vues les plus jolies et les plus séduisantes de l'Ouest africain. Elle inspire comme un besoin de se reposer en admirant, et en même temps comme un vague désir de marcher vers les horizons qu'on découvre. »

Sur l'Alima : Diélé, Ngampo, Leketi et Mbochi ; cette dernière près du confluent de l'Alima et du Congo.

Nkémé, sur la rivière du même nom, un peu au-dessus de Bolobo.

Mbé, capitale de Makoko.

Sur le Liboko : Nkoundja.

Sur le Congo : Nganchouno, et enfin Brazzaville.

On se souvient dans quelles circonstances ce dernier établissement fut créé : lorsque Stanley vint à Ntamo pour y fonder une station, il trouva M. de Brazza déjà installé ; le reporter américain passa sur l'autre rive, et, en face du poste français, établit le poste de l'Association. Depuis lors, lui et ses amis n'ont cessé de répéter que M. de Brazza avait été bien mal inspiré dans le choix de son emplacement : qu'il eût pu s'établir sur les hauteurs. M. Johnston, que nous avons déjà eu l'occasion de citer, donne de Brazzaville la description suivante : « De chaque côté de l'étang, les plages s'abaissent en plaines couvertes d'épaisses forêts ; la ceinture de montagnes s'élève vers l'intérieur, et, lorsqu'on atteint Mfwa ou Brazzaville, la côte est basse et presque au niveau de l'eau. *C'est là que de Brazza se vante d'avoir obtenu la cession à la République française d'un terrain long de neuf milles.* Brazzaville se compose de quelques huttes indigènes ensevelies sous des bananiers et bordées par une épaisse forêt. Sur la gauche, en face de l'étang, existe une petite baie dont on pourrait faire un bon port, et un îlot fertile dont les Français pourraient tirer un excellent parti ; à part ces deux avantages, il est impossible de trouver le choix de cette situation le moins du monde favorable, et même d'en arriver à une autre conclusion que celle-ci : la situation est aussi mal choisie que possible........ Je ne peux supposer qu'une chose : c'est que, en dépit de l'affection que les indigènes témoignaient à de Brazza, ils n'ont pas mis beaucoup de terrain à sa disposition, et qu'il s'est fixé là parce qu'il n'a pas pu obtenir un emplacement meilleur (1). »

C'est sans doute le dépit qui inspire ces lignes et le regret de ne pas voir le drapeau rouge de John Bull flotter sur Brazzaville, à la place du drapeau tricolore. Quoi qu'en disent M. Johnston et ses compatriotes, la station française ne se compose pas, comme a bien voulu l'écrire ce voyageur, de quelques huttes épaisses dans les bananiers. Voici, du reste, la description qu'en donne M. de Brazza :

« Brazzaville, dont on vous a parlé si souvent, est située sur l'extrémité d'une croupe assez large qui domine le Congo et s'abaisse brusquement à cent mètres de la rive, dans un éboulement de sable argileux. Cette croupe semble être le premier obstacle contre lequel se butte le fleuve pour aller en tournant se pré-

---

(1) M. H. Johnston, *The River Congo.*

cipiter à la première cataracte. De là le regard embrasse dans son entier l'immensité du Stanley-Pool et tout le cirque de hautes montagnes qui l'entourent. Le pays est peuplé, le sol est fertile, l'air est sain et la brise constante d'ouest y apporte la fraicheur relative des plateaux qu'elle a traversés ».

« Quant aux avantages que présente sa situation, ils ne sont pas moins grands ; nous n'en voulons donner pour preuve que les lignes suivantes écrites par M. Stanley, quelques heures après la visite du sergent Malamine, visite que nous avons racontée plus haut, et qui lui étaient inspirées par l'examen même du terrain où s'élève aujourd'hui Brazzaville :

« Le Gordon Bennett est une rivière rapide et profonde, qui descend en cataractes, et par deux bras se jette dans le Congo, à cinquante mètres au-dessus du premier rapide dangereux.

« Si le Gordon Bennett s'était jeté dans le grand fleuve *deux cents* mètres *plus haut* (c'est-à-dire là où est Brazzaville), il eût été avantageux pour moi d'obtenir le droit d'établir un poste auprès du Gordon Bennett ; j'aurais pu ainsi *m'assurer la navigation d'une étendue de plus de onze cents milles sur le haut Congo.* »

Il nous semble que cet aveu est le plus juste éloge que l'on puisse faire de l'emplacement choisi par M. de Brazza, et qu'il nous évite la peine de réfuter les critiques de M. Johnston. Étant données les ressources plus que modestes dont dispose notre compatriote, on peut dire qu'il a tiré le meilleur parti possible de la situation ; du reste, M. de Brazza n'a jamais songé, comme M. Stanley, à faire de ses stations hospitalières des établissements fortifiés, avec remparts, esplanades, canons et garnison ; ce sont des établissements commerciaux, des centres d'échange et de ravitaillement qu'il a voulu créer. Il ne poursuit pas une œuvre de guerre et ne colonise pas les armes à la main ; c'est une œuvre de paix qu'il a entreprise, et c'est la civilisation qu'il va porter aux habitants de ces régions.

Quoi qu'il en soit, nos possessions dans le bassin du Congo sont merveilleusement situées et admirablement desservies par les routes fluviales que nous avons indiquées, et qui nous permettront de monopoliser une partie des produits venant du haut Congo.

A partir de Stanley-Pool jusqu'à la mer, le fleuve est coupé par trente-deux rapides ou cataractes : il faut donc créer une route de Stanley à Vivi, point où le Congo devient navigable ; cette route, nous l'avons toute créée, c'est la voie du Niari, qui permet de se rendre de Brazzaville à l'Océan en vingt jours, en traversant un pays d'une richesse excessive.

Sur les rives de l'Atlantique, l'Etat libre du Congo ne possède qu'une ligne de côtes de trente-cinq kilomètres de développement, y compris les bouches du fleuve, qui ont déjà dix-sept kilomètres de large, soit la moitié. Notre étendue de côte se développe, à vol d'oiseau, sur une longueur de sept degrés et demi, et nous possédons, à l'embouchure même du Quillou, d'excellents mouillages.

La mission française du Congo continue à poursuivre partout ses études et ses recherches, avec le zèle et le dévouement qui lui ont déjà permis de traverser les difficultés si grandes et si diverses du début; elle maintient dans tout l'Ouest africain l'influence française, le prestige qui entoure notre pavillon, à l'ombre duquel, grâce à la modération de M. de Brazza et de ses compagnons, nous avons su conquérir la confiance et l'amitié de toutes les tribus qui habitent ces contrées.

Les nations qui peuplent nos territoires sont nombreuses : c'est d'abord, au nord de l'Ogôoué, les Pahouins, Ossyebas ou Fans, tribus féroces, pillardes et, dit-on, anthropophages ; au sud, les Okandas, Bangouas, Adoumas. Dans le bassin du Niari : les Baloumbos près de la côte, et les Ballalis sur le haut fleuve. Sur les bords du Congo, les Batékés. Au nord de l'Alima, les Ba-Pfourous, les Oubanguis et les Mbocos.

Toutes ces nations ont entre elles beaucoup de similitude, au moins dans leurs coutumes ; nous les étudierons au chapitre suivant, en même temps que les autres races du Congo. Pour le moment, qu'il nous suffise de dire que leur férocité a été singulièrement exagérée par certains voyageurs, peut-être pour excuser une répression sinon inutile, du moins par trop cruelle. Lorsque M. de Brazza a pu persuader à ces peuplades qu'il n'avait rien de commun avec cet autre blanc qui avait descendu le Congo quelque temps avant lui, qu'il n'était pour rien dans les représailles exercées par le voyageur américain, il a obtenu de ces tribus tout ce qu'il a voulu, et s'en est fait non seulement des amis, mais encore des alliés et de puissants auxiliaires.

Le noir est défiant, craintif, et veut être traité avec douceur; de plus, il est essentiellement superstitieux : tant qu'il n'a pas compris le but que poursuivent les Européens en venant s'installer chez lui, il est disposé à voir en eux de mauvais génies; dans leurs actes, qu'il ne comprend pas, qui lui semblent surnaturels, il croit voir des maléfices. Mais, quand à force de patience, de douceur et de bons procédés, on lui a fait entendre ce que l'on attend de lui, il devient tout disposé à nous recevoir, et même à nous aider.

*Le Congo portugais* est maintenant compris entre les rivières Camba et Cuango à l'est ; au nord, il est limité par une ligne imaginaire qui, partant de cette même rivière Cuango, va rejoindre le Congo à Nokki, et par la rive méridionale du Congo ; à l'ouest, par l'Océan, depuis la *Punta del Padrao*, à l'embouchure du fleuve, jusqu'à Ambriz ; au sud, par la province d'Angola. Au nord du Congo, le Portugal possède encore un petit territoire pris sur l'Etat libre et séparé du Congo français par le Tchiloango ; sur la côte sont les petites villes de Landana, Malemba et Cabinda.

Cette possession est prospère ; depuis quatre cents ans que les Portugais sont établis dans cette région, ils y ont créé des établissements sérieux et possèdent un grand nombre de factoreries répandues dans tout le pays. C'est grâce à certaines concessions faites par le Portugal que nous avons obtenu la reconnaissance de nos droits de souveraineté sur la rive droite du Congo ; nous avons donc un intérêt réel à conserver les sympathies de ce peuple, qui, dans cette région, a déjà tant fait pour la cause de la civilisation ; il a fondé des écoles, lancé des bateaux à vapeur sur le grand fleuve, et créé des lignes télégraphiques. Presque tout le commerce de la contrée est entre ses mains; c'est dans les possessions portugaises que les tribus de l'intérieur apportaient leurs produits ; la plupart des traitants du bas Congo sont Portugais, et, grâce à l'influence considérable qu'ils ont su prendre dans tout ce pays, ils peuvent favoriser nos projets et nous aider dans notre œuvre de civilisation.

On a accusé et l'on accuse encore les Portugais, sinon de faire la traite des noirs, tout au moins de la favoriser. Certains auteurs, de bonne foi, ont écrit que les Portugais allaient dans l'intérieur chercher des caravanes de *bois d'ébène* ; nous croyons que ces écrivains ont été induits en erreur et qu'ils ont pris pour des sujets du roi de Portugal des métis portugais habitant l'intérieur. Cameron, dans son voyage, parle en effet de bandes d'esclaves achetées et conduites par des Alvez, des Coïmbra et autres métis portant des noms portugais; mais ces brutes ne peuvent être pris pour des Européns ; leur nombre est, du reste, fort restreint. Nous traiterons cette question au chapitre que nous consacrons à l'esclavage.

# CHAPITRE X.

### Population.

Quoique se divisant en une infinité de peuplades et de tribus, les habitants du bassin du Congo font partie d'une race unique, qui diffère absolument des noirs, habitant les autres parties de l'Afrique : c'est la race Bantou. Les individus appartenant à d'autres familles, entre autres ceux rencontrés par Stanley sur les bords du Loualaba, sont des esclaves enlevés dans des tribus souvent fort éloignées.

Malgré leur origine commune, les différentes nations qui constituent le grand peuple Bantou ont entre elles, tant au physique qu'au moral, de nombreux points de ressemblance : ceux qui habitent dans le voisinage des rives de l'Océan ont perdu, au contact des Européens, une partie de leur cachet original ; leur type s'est modifié ; ils ont abandonné les coutumes et les usages de leurs ancêtres ; beaucoup, du reste, surtout dans les possessions portugaises, sont convertis à la religion chrétienne. Les tribus que l'on rencontre sur le cours du bas Congo, si elles n'ont pas encore entièrement subi l'influence des blancs qui viennent s'établir sur leurs territoires, ont cependant déjà modifié leur manière d'être.

Sur le haut Congo, au contraire, les indigènes sont restés de vrais « sauvages », c'est-à-dire de véritables enfants de la nature, ignorant jusqu'à l'existence de la civilisation, ayant tous les vices et toutes les qualités de l'homme primitif.

La race Bantou se distingue par une grande pureté de formes : les hommes sont de haute taille, bien bâtis, avec des extrémités fines et délicates ; la figure est belle, le nez peu ou point épaté, la chevelure abondante, crépue mais non laineuse ; la barbe est longue et bien fournie.

Sans être absolument jolies, les femmes sont cependant loin d'être aussi laides que les négresses en général ; comme les hommes, elles sont bien faites, leurs traits ont une certaine régularité, et la plupart, surtout quand elles sont jeunes, sont fort gracieuses.

Plus on approche des rivages de l'Atlantique, plus ces caractères distinctifs diminuent, et même disparaissent. Sur certains points du littoral, on assiste à un phénomène d'absorption qui mérite d'être signalé ; il est surtout remarquable dans la partie septentrionale du Congo français, sur la rive gauche de l'Ogôoué, et dans notre colonie du Gabon.

Les peuplades qui habitent le littoral ne sont pas originaires de la côte ; elles viennent de l'est, et, comme la plupart des nations riveraines, elles semblent avoir obéi à une grande loi de migration qui pousse les nations du centre vers la mer. Ces déplacements s'opèrent avec lenteur, mais fatalement, et toujours au préjudice des premiers occupants. Parti du centre de l'Afrique, le trop-plein d'une tribu s'avance vers les rives de l'Océan, poussant devant lui d'autres tribus; celles-ci, à leur tour, se mettent en marche et absorbent les nations qu'elles rencontrent; elles-mêmes finissent un jour par être absorbées et confondues dans la foule d'un autre peuple qui arrive. C'est le cas des Pahouins qui, venus des territoires de l'Est, chassent devant eux les Kakalais.

Ce travail d'absorption est puissamment aidé, d'ailleurs, par la transformation qui s'opère au contact des Européens sur la côte. A notre fréquentation, ils dépouillent en partie leurs croyances superstitieuses et leurs coutumes barbares, mais ils perdent aussi leur vigueur native. Primitivement robustes, ils s'abrutissent par la boisson et s'usent dans les excès.

Ce phénomène de migration n'est pas nouveau : au xv$^e$ et au xvi$^e$ siècles, les Jaggas ou Giaggas, une grande nation habitant les territoires qui s'étendent au sud du Tanganika, entre les sources du Zaïre et du Zambèze, s'avança comme un flot envahissant jusqu'aux rives de l'Océan Indien. Sous la conduite d'un chef nommé Zimbo, ces hordes pillardes ravagèrent Montbaze, Zanguebar et Quiloa, se répandirent dans le pays des Cafres, puis, revenant sur leurs pas, elles envahirent le grand royaume de Congo et menacèrent son puissant monarque jusque dans sa capitale de San-Salvador.

Nous diviserons les peuples qui habitent le bassin du Congo en trois classes : tribus de la côte et du bas Congo; tribus vivant sur les territoires français; tribus du haut Congo.

Outre ces trois divisions, nous pourrions en ajouter

une quatrième comprenant les hommes de races diffé-

GUERRIER BATÉKÉ.

rentes, qu'ils soient venus s'établir au Congo comme esclaves, ou qu'ils y soient à titre d'engagés temporaires, comme les Krowmen ou les Krowboys.

Les habitants de la côte ou du bas Congo, c'est-à-dire de la mer à l'équateur, sont : les Ba-Congo, les Kabindas ou Ka-Congo, les Muchirongo et les Basundi.

Ceux du haut Congo sont : les Wa-buno, les Wabuma, les Bangala, les Baroua, les Yambari ; les peuplades qui habitent l'Ourrega, le Manyena et l'Ourona, connues seulement par les rapports de Stanley et de Cameron.

Dans le Congo français : les Bakalais, les Okandas, les Batékés, les Ba-pfourous et les Oubandji.

Nous ne décrirons pas ces tribus séparément ; elles ont entre elles de grandes ressemblances, tant au physique que dans leurs coutumes, leur religion et leurs industries ; nous nous bornerons à indiquer les différences qui distinguent chacune de ces peuplades.

## CHAPITRE XI.

Habitants de la côte. — Villes et villages. — La vie. — Mariages. — Krowmen. — Esclaves.

Sur tout le littoral, et notamment dans les possessions portugaises, on rencontre les fils dégénérés des Ka-Kongo ou Kabindas, des Muchirongos, et des Ba-Kongos. Sans accepter entièrement la civilisation européenne, ils ont mêlé à leurs coutumes anciennes quelques-unes de celles des Portugais ; un grand nombre ont adopté la religion chrétienne, sans cependant abandonner les superstitions qui forment le fond de leurs croyances ; beaucoup aussi ont renoncé à la paresse et à l'indolence communes à tous les hommes de race noire. Ils travaillent, et, véritables Krowmen du sud, se louent comme marins, portefaix, laboureurs ; ils passent avec ceux qui les emploient des contrats pour un certain nombre d'années, et, le temps de leur engagement terminé, retournent dans leur village, rapportant toutes leurs économies, qu'ils s'empressent de dévorer en compagnie de leurs parents et de leurs amis.

Les Ba-Kongos sont généralement considérés comme la nation autrefois maitresse de tous ces territoires ; c'est ce peuple qui jadis fonda le grand emdu Conpirego, qui existait encore il y a quatre cents ans, et qui fut démembré en 1521 par deux invasions successives de Giaggas.

Aujourd'hui, réduite à quelques tribus, cette peuplade habite près de la côte, autour de San-Salvador, sa capitale, où règne toujours un roi du Congo. Sans réaliser le type pur du Bantou, ils ont cependant conservé quelques-uns de leurs caractères propres, au point de vue physique, notamment la barbe. S'ils sont, malgré leur contact avec les Européens, aussi peu vêtus que leurs congénères de l'intérieur, ils semblent avoir renoncé aux ornements dont s'affublent ces derniers; ils sont rarement tatoués, ou couturés de cicatrices; seuls, quelques-uns ont conservé l'habitude de se limer les deux incisives de la mâchoire supérieure.

Ils sont généralement doux et pacifiques, semblent avoir une horreur profonde pour toute effusion de sang, à moins cependant qu'ils ne soient accusés de sorcellerie ou qu'ils se croient victimes d'un maléfice : dans ce cas, leur colère ne connaît plus de bornes, et ils sont capables de se livrer à toutes les cruautés et à tous les excès.

Ce n'est véritablement qu'à partir de Stanley-Pool, en remontant le Congo, qu'on retrouve les mœurs et les coutumes des indigènes, c'est-à-dire, sur la rive gauche, chez les Ba-sundi, les Ba-wende, les Wabuno, et sur la rive droite, chez les Batékés.

Quoiqu'elles fassent partie d'une seule et même famille, il n'existe aucun lien, aucune cohésion entre ces peuplades : leurs mœurs, sont à peu de chose près, les mêmes ; leurs intérêts sont communs ; elles parlent une même langue, et cependant elles sont tellement désunies que, la plupart du temps, elles se font la guerre, se pillent entre elles et s'enlèvent mutuellement des hommes pour en faire des esclaves.

Une multitude de rois, ayant sous leurs ordres des chefs, ou d'autres rois tributaires, gouvernent les nombreuses tribus ; c'est une pâle copie de la féodalité, avec cette différence toutefois que le souverain ne rencontre pas toujours chez ses sujets l'obéissance désirable. En tout cas, c'est l'autocratie, le gouvernement du bon plaisir dans toute son étendue. N'ayant ni constitution, ni lois écrites, les indigènes n'obéissent qu'au roi, au féticheur ou sorcier, qui personnifie l'idée religieuse, ou à la coutume ; afin d'augmenter sa puissance, le souverain s'appuie d'ordinaire sur la religion en la personne de son représentant, le féticheur.

Néanmoins, le pouvoir de ces noirs despotes est souvent tempéré par les assemblées des hommes de la tribu ; c'est le palabre, sorte de grand conseil où sont conviés les chefs et les principaux habitants de tous les villages environnants, chargés de régler les grandes questions de l'État. Il est vrai de dire que là encore le féticheur joue un grand rôle et que, grâce aux augures, grâce à l'influence qu'il possède, il fait à peu près décider ce qu'il veut ; or, il est toujours l'instrument du despotisme royal.

Les grandes agglomérations de peuple n'existent pas ; les villages ne contiennent qu'un nombre restreint d'habitants, et ce que l'on désigne sous le nom de ville n'est, à proprement parler, que la réunion de trois ou quatre villages.

Plus on avance dans l'intérieur, c'est-à-dire, plus on s'éloigne des points où a pénétré la civilisation, plus l'industrie des peuples est développée : les villages sont plus spacieux, mieux construits ; les maisons sont faites avec plus d'art et les ustensiles dont se servent les indigènes dénotent une plus grande somme d'adresse et de travail.

En général, sur le haut fleuve, le village se compose d'une large rue bordée de maisons rectangulaires ; quelquefois, les voies rayonnent autour d'une place centrale : dans le premier cas, une habitation plus grande que les autres s'élève à chaque bout de la chaussée, faisant face au milieu de la rue : c'est là que se tiennent les grandes assemblées.

Les maisons sont rectangulaires ; elles s'élèvent sur un banc de terre battue, sorte de plate-forme haute d'un pied. La charpente est faite de troncs de palmiers et les murailles de lattes fines, entre-croisées et recouvertes d'une épaisse couche d'herbes sèches. Le toit, très débordant, forme, devant l'entrée de la maison, une large vérandah dont l'extrémité est supportée par deux troncs. Quelques-unes de ces demeures, entre autres celles d'Ikoundou, sont tout simplement de doubles cages élégamment faites avec la tige du *panis*. Chacune des cages a sept pieds de long, cinq de large et six de haut. Toutes les deux sont reliées par la toiture et ont entre elles

VILLAGE INDIGÈNE.

une pièce commune, où les deux familles se réunissent, se livrent à leurs travaux et reçoivent leurs amis. Ces maisonnettes sont aussi confortables, aussi étanches qu'une cabine de navire.

Le mobilier est des plus sommaires : des chaises et des tabourets faits d'un seul bloc, mais plus ou moins finis, plus ou moins ornés, selon qu'on reste sur la côte ou qu'on s'avance dans l'intérieur ; puis, des oreillers de bois, semblables à ceux que représentent les vieilles sculptures égyptiennes. Dans le Manyena, chez les Vouarega, des tablettes règnent à l'intérieur de la maison ; elles sont destinées à recevoir le bois de chauffage, les poteries. les ustensiles de cuisine. Dans la charpente de la toiture, que la fumée a revêtue d'un enduit brillant, sont placés les menus objets, tels que la pipe, le tabac, le chapelet d'escargots enfilés sur une baguette, les drogues mystérieuses, les poudres magiques, etc...

Dans la chambre sont entassés des peaux de bêtes, des colliers de coquillages terrestres, des morceaux de bois sculptés d'une façon bizarre, des talismans sans doute. La brillante coiffure de guerre, en plumes cramoisies du perroquet gris à queue rouge, le tambour, et quelques lances pesantes à hampes de fer, occupent une place d'honneur.

On trouve encore, sur les bords du Congo, des villages composés de huttes rondes, aux toits de chaume pointus, affectant la forme d'une ruche.

Autour de l'habitation sont disposés les abris pour les chèvres et les moutons, les cages à volailles, puis des jardins bien entretenus, où les indigènes cultivent les bananes, le plantin et surtout le manioc, base de leur nourriture, à laquelle ils ajoutent le poisson frais ou fumé, et des graines de toutes sortes.

Ces villages sont peu peuplés : de deux cents à six cents habitants, en moyenne. Les habitants sont forts et vigoureux. Cela tient, entre autres choses, à ce qu'il y a chez eux une sorte de sélection naturelle : on fait peu de cas des enfants chétifs, et l'on ne prend soin que de ceux qui viennent au monde bien constitués ; il en résulte que les hommes faibles et maladifs sont l'infime minorité.

Les enfants sont, du reste, soumis à un mode d'éducation tout spécial : dès qu'un enfant vient au monde, sa mère quitte la maison commune et vit à part jusqu'à ce qu'il soit sevré, c'est-à-dire jusqu'à trois ans ; la mère allaite son enfant tant qu'il n'a pas percé ses dents. Quand la mère revient dans la famille avec sa progéniture, si c'est un garçon qu'elle ramène, le père se charge de son éducation, lui apprend à nager, à fabriquer un arc et des flèches et à s'en servir, à tendre des pièges à gibier, en un mot, il l'habitue à tous les exercices du corps, et le met, fort jeune, à même de suffire à ses besoins. Si c'est une fille, elle reste avec les femmes, qui l'initient aux secrets du ménage, et alors commence, pour la pauvre enfant, cette vie de dur labeur qui doit durer jusqu'à sa mort.

La femme est traitée par l'Africain, ni plus ni moins qu'une bête de somme ; c'est elle qui prépare les repas, laboure le champ, cultive le jardin, soigne les animaux, tresse les corbeilles, fabrique les poteries ; en route, elle porte les bagages. Etant donnés les services que rendent ces malheureuses créatures, et la paresse des hommes, on comprend que ces peuples soient polygames.

Dans la plupart des tribus, le mariage ne donne lieu à aucune cérémonie, c'est un achat, et rien de plus. Cependant, Livingstone chez les Manyenas, et Cameron dans l'Ouroua, ont été témoins de semblants de cérémonies :

« Les Manyenas, dit Livingstone, achètent leurs femmes ; une jeune fille vaut dix chèvres. Aujourd'hui, j'en ai vu conduire une au domicile conjugal. Elle marchait gaiement, accompagnée d'une servante et suivie de l'épouseur. Ils vont rester cinq jours chez eux, puis ils reviendront chez les parents de la femme, où celle-ci restera également cinq jours, après lesquels son époux ira la rechercher de nouveau. »

La cérémonie décrite par Cameron est un peu plus compliquée : la fête dura plusieurs jours. « Deux tambours battus vigoureusement faisaient tourner une douzaine d'individus ; ceux-ci étaient pourvus de grossiers pipeaux d'où ils tiraient des notes discordantes. Une foule enthousiaste joignait à ce charivari des cris perçants, accompagnés de battements de main ; et cela ne s'arrêtait pas : quand un danseur était fatigué, un autre prenait sa place.

« Dans l'après-midi du second jour, apparut le marié ; il exécuta un cavalier seul qui dura une demi-heure. Au moment où ce solo finissait, une jeune fille de neuf à dix ans, parée de ses plus beaux atours, fut apportée près des danseurs. Cette jeune fille, qui était l'épousée, arrivait à cheval sur les épaules d'une robuste commère, où la maintenait une autre femme.

« On entoura les arrivantes ; puis la porteuse, se mettant à bondir, fit sauter la mariée, dont le corps et les bras se laissaient aller à l'abandon. Quand la pauvre enfant eut été suffisamment secouée, l'époux lui donna de petites quantités de perles et des fragments de feuilles de tabac qu'elle jeta, les yeux fermés, parmi les danseurs. Ce fut le signal d'une lutte ardente, chacune de ces bribes devant porter bonheur à celui qui l'obtiendrait.

« La mariée fut ensuite déposée à terre et dansa pendant dix minutes avec le marié, qui tout à coup la mit sous son bras et l'emporta chez lui. »

Chaque Africain épouse le plus de femmes qu'il peut, augmentant ainsi le nombre de ses serviteurs et des ouvriers qui travaillent à son bien-être ; en revanche, elles ne coûtent rien à l'homme, que le prix d'achat, c'est-à-dire une somme fort minime, puisqu'elles cultivent la terre et font elles-mêmes leurs vêtements, qui sont des plus simples.

Les hommes portent une sorte de jupe faite d'herbes sèches et teintes en brun marron ; le costume des femmes est, à peu de chose près, le même, si ce n'est que la jupe est plus longue. Dans certaines tribus, celles des Manyenas, par exemple, le jupon est remplacé par une ceinture ; chez les Kabindas, au contraire,

FEMMES KABINDAS.

les femmes se drapent dans une longue pièce de cotonnade aux couleurs voyantes et de fabrication européenne, qui tombe des épaules jusque sur les pieds. Les enfants des deux sexes vont nus, les fillettes portant pour tout costume... un collier ou un bracelet de cuivre. Cet ornement est fort répandu dans tout le Congo, chez les hommes et chez les femmes; dans certaines tribus de l'Ouroua et du Lovalé, le collier est rivé au cou de l'épouse par son mari; elle le porte jusqu'à sa mort.

Un jour, le lieutenant Cameron demandait à un grand chef comment, à la mort d'une de ses femmes, il s'y prenait pour retirer le collier. Le chef ne répondit pas, mais il passa son doigt étendu contre son cou, en faisant un geste significatif. On leur coupe la gorge pour ôter le collier.

Hommes et femmes se teignent les ongles en rouge; ils obtiennent cette couleur en triturant l'écorce du *Baphia*, qu'ils emploient aussi pour teindre leurs vêtements et se tatouer.

Le tatouage est général; il se fait, soit au moyen de peintures blanches, jaunes ou noires, soit par des cicatrices. La *cicatrisation* s'obtient en soulevant, des lambeaux de peau, avec la lame d'un couteau; on introduit ensuite dans la blessure une drogue irritante pour l'empêcher de se fermer trop vite, et pour qu'elle laisse une cicatrice plus apparente et durable. Cette opération se pratique sur la figure et sur tout le corps; le nombre d'incisions qui balafrent les joues d'un guerrier, varie suivant la tribu, le rang ou le grade.

Il serait fort difficile de décrire les différentes coiffures de ces indigènes; il y a presque autant de modes que d'individus; en tous cas, l'arrangement des cheveux est, pour les hommes comme pour les femmes, une importante occupation. Les uns hérissent leur tête d'une foule de petites cornes faites avec des mèches de cheveux enduites de terre glaise; d'autres n'en font que quatre ou cinq, qui sont énormes; d'autres, au contraire, ont la tête entièrement rasée, ne gardant, comme les mahométans, qu'une touffe sur l'occiput. Un certain nombre enduisent leur chevelure de terre glaise et la plaquent de façon à lui faire prendre exactement la forme du crâne, sur le devant de la tête, tandis que derrière ils la déploient en éventail ou l'enroulent en un énorme chignon.

Les femmes ont les coiffures les plus extraordinaires, soit qu'elles élèvent avec leurs cheveux un édifice formidable, soutenu par une carcasse de jonc, soit qu'elles les tressent en une infinité de nattes minuscules qui pendent sur leurs joues. « Quand l'arrangement de la chevelure est fini, arrangement très compliqué, dit Cameron, l'ensemble est revêtu d'une couche de graisse et d'argile que l'on travaille de manière à la rendre lisse et brillante. Quelques femmes divisent leurs cheveux en une quantité de petites houppes, de la grosseur d'une cerise; d'autres en composent des tortillons dont elles forment des boucles, tantôt séparées, tantôt réunies et mêlées d'une façon inextricable. Quelquefois, c'est une masse de grosses torsades dont les bouts sont disposés de manière à produire un dessin en relief d'un ou deux pouces de saillies.

« Beaucoup de chevelures sont ornées d'une lame de fer-blanc ou de cuivre décorée de trous et de découpures formant des dessins capricieux; quelques élégantes ont deux tire-bouchons qui tombent de chaque côté du visage. L'arrangement offre une grande diversité, due au goût individuel. »

La vie de ces peuples s'écoule monotone et uniforme ; chaque jour en se levant ramène, pour ainsi dire sans changement, les travaux et les occupations de la veille. Ils n'ont pas de calendrier, par conséquent, pas de notion exacte du temps écoulé; pas d'annales, pas d'histoire, mais seulement une sorte de tradition que les générations se transmettent de vive voix, en la modifiant, en la défigurant sans cesse. C'est la vie primitive, et presque bestiale : les grandes infortunes sont vite oubliées ; les joies ne laissent que de vagues souvenirs dans ces esprits vides et sans culture ; les émotions profondes n'existent pas, et les affections ressemblent à celles de la brute.

Avant l'aube, ils s'éveillent, s'approchent du foyer, raniment le feu qui couve sous la cendre et, accroupis, les mains croisées sur les épaules pour se protéger du froid(1), ils sommeillent en attendant le jour. Tandis que les hommes se chauffent, bâillent, s'étirent et se

---

(1) L'heure qui précède le lever du soleil est le moment où le froid se fait plus vivement sentir sous ces latitudes.

frottent les yeux, les femmes se livrent aux travaux du ménage et s'occupent des enfants.

Le lever du soleil, qui ramène la chaleur et la vie, met un terme à cet engourdissement : le village s'anime, les femmes sortent des maisons, saluent leurs voisines et commencent les apprêts du repas ; les hommes préparent leurs engins de chasse ou de pêche, et s'éloignent pour visiter leurs pièges et leurs filets ; ou bien, ils réunissent les marchandises qu'ils doivent porter aux marchés qui se tiennent dans les grands villages.

Il est difficile de dire quelles sont les heures de repas des indigènes ; toute la journée les femmes sont occupées à préparer de la nourriture, et les hommes mangent à tout instant ; mais le repas principal doit être celui du matin, après lequel chacun va se livrer à ses occupations. Les femmes vont au champ, cultivent la terre, fabriquent les poteries ou construisent les cages pour les volailles.

A midi, tout le monde se réunit sous la vérandah ; les hommes font la sieste ou fument ; les femmes causent ou se peignent. Quand la chaleur est passée, chacun va reprendre son travail.

Le soir, après le coucher du soleil, lorsque les hommes sont rentrés au village, les groupes se forment, on cause en buvant du vin de palme ; quelquefois (le fait est heureusement rare), pour se distraire, on brûle un malheureux accusé de sorcellerie, ou on mange un prisonnier, chez les Ossyebas ou les Manyenas ; ou bien, plaisir plus innocent, on danse au son d'un instrument bizarre. Les sortes de danses sont nombreuses ; mais M. Stanley en décrit une fort curieuse, dont il a été témoin chez les N'dungos.

Une cinquante d'indigènes dansaient devant lui : « Les figures, considérées au point de vue indigène, ne laissaient rien à désirer ; elles étaient exécutées avec une grande habileté ; mais la finale mérite d'être notée : les danseurs se tenaient par la main, comme dans les rondes que font les enfants, et formaient un grand cercle. Deux d'entre eux pénétrèrent dans le rond ; le plus jeune grimpa sur les épaules de l'autre, puis, tirant son couteau, poussa un grand cri, répété par le chœur. Chaque fois que ce cri était jeté par les danseurs, il promenait le tranchant de son couteau sur sa langue jusqu'à ce que le sang vînt. Alors, le cercle vivant se mettait à tourner plus vite, à chanter plus fort ; imitant le mouvement des danseurs, le jeune garçon se tailladait la langue plus vite et plus fort, jusqu'à ce qu'il eût les mâchoires pleines de sang.

« Je criai : Halte ! La ronde s'arrêta, le jeune homme serra tranquillement son couteau, se lava la bouche avec de l'eau fraîche et vint me regarder en souriant, sans paraître autrement incommodé. »

Ce n'est que tard, dans la nuit, qu'au milieu des rires et des chants, chacun regagne sa demeure, pour recommencer le lendemain une journée en tout semblable à la précédente.

Ces populations, à l'existence en apparence si calme et si tranquille, sont dévorées par une plaie honteuse :

l'esclavage. La traite des noirs existe dans tout l'intérieur du continent ; chaque tribu a ses esclaves, qu'elle enlève dans ses guerres avec les peuplades voisines et qu'elle achète aux traitants arabes contre de l'ivoire et du caoutchouc, ou qu'elle leur vend en échange de poudre, de perles, de cotonnades. Sur la côte occidentale, si la traite n'existe plus, l'esclavage existe encore, d'une façon déguisée, il est vrai, mais il existe, et il existera toujours tant que les indigènes trouveront à troquer un noir, enlevé dans un village voisin, contre les produits européens ; il existera toujours tant que les habitants qui ont besoin de travailleurs indigènes n'auront pu amener les naturels à donner leur travail contre une rémunération quelconque.

Sur le littoral, les Européens engagent des Krowmen et des Krowboys ; nous avons déjà dit ce qu'étaient les premiers dans nos possessions du Gabon : des engagés pour un temps limité. Au Congo, et notamment dans les possessions portugaises, la dénomination de Krowmen ne s'applique pas aux individus travaillant dans les mêmes conditions. Les engagés venant de la côte de la Krow s'appellent Krowboys.

Ils sont complètement indépendants, conservent, chez les nations où ils travaillent, les coutumes de leur pays, vivent en dehors des autres habitants ; ils se réunissent un certain nombre, construisent une grande case et habitent ensemble. Leur temps de service terminé, ils retournent invariablement chez eux avant de contracter un nouvel engagement, ce qu'ils ne font que lorsqu'ils ont dissipé le produit du précédent.

Le nom de Krowman, au contraire, sert à dissimuler celui d'esclave ; ce sont en général des hommes achetés à quelque chef de tribu du bas Congo. Il y a, parait-il, un autre moyen de se procurer des Krowmen, sans bourse délier : l'esclavage est infligé aux naturels qui se rendent coupables d'un vol, à moins, cependant, que les parents du criminel ne consentent à payer sa rançon, ce qui est rare. En sorte que celui qui est pris dérobant un objet quelconque à un blanc devient son esclave.

« L'esclavage existe sur le bas Congo, écrivait en 1883 M. Johnston ; la seule différence avec les temps passés, c'est qu'on n'exporte plus le noir..... Tous les voyageurs qui visitent le Congo peuvent voir des groupes d'esclaves enchaînés, en punition d'une tentative d'évasion ; et s'ils arrivent juste au moment où, contre la promesse d'une récompense, un fugitif est ramené par les gens de sa tribu et peut-être même par ses parents, ils pourront assister à l'application du fouet sur les épaules du délinquant et voir le sang jaillir de son dos zébré par la lanière. »

Les Krowmen sont généralement bien traités, bien nourris, et peuvent avoir auprès d'eux leurs femmes et leurs enfants. Si on leur permettait de regagner leur village après un temps plus ou moins long de service, sans pouvoir les obliger à renouveler leur contrat, le système ne serait pas, en somme, très répréhensible.

La suppression de la traite étant un des buts principaux de l'Association créatrice de l'Etat libre du Congo, il y a tout lieu d'espérer que cette plaie aura bientôt disparu de tout l'Ouest africain ; pour cela, il suffit que les traitants de l'intérieur ne trouvent plus à vendre leur marchandise humaine, et que les Européens établissent avec les chefs des tribus un mouvement commercial suffisamment rémunérateur ; n'ayant plus de débouchés pour les esclaves, les traitants n'en achèteront plus et ne porteront plus la désolation et la mort dans les contrées de l'intérieur.

Si la misère de l'esclave transporté loin de sa patrie, qu'il ne doit plus revoir, séparé de ses parents, soumis à un travail pénible et peut-être en butte à de mauvais traitements, est révoltante, que dire de la façon dont ces malheureux sont enlevés, des crimes inouïs qui se commettent au cœur de l'Afrique pour se les procurer ? Livingstone estimait à un million d'hommes chaque année les victimes de la traite.

Cameron, qui a parcouru la route de Nyangoué à Bihé avec un convoi de femmes esclaves, écrit :

« La somme de misère et le nombre de morts qu'avait produits la capture de ces femmes (elles étaient cinquante-huit) est au delà de tout ce que l'on peut imaginer. Il faut l'avoir vu pour le comprendre..... Pour obtenir les cinquante-huit femmes dont Alvez se disait propriétaire, dix villages avaient été détruits, dix villages ayant chacun de cent à deux cents âmes ! Un total de quinze cents habitants ! Quelques-uns avaient pu s'échapper ; mais la plupart avaient péri dans les flammes, été tués en défendant leurs familles

CASE DE KROWBOYS.

ou étaient morts de faim dans la jungle, à moins que les bêtes de proie n'eussent terminé plus promptement leurs souffrances. »

Nous ne ferons pas ici le tableau de ces malheureux, enchaînés dix, quinze, vingt ensemble, portant de lourds fardeaux, mal nourris et forcés de fournir chaque jour une longue route sous le soleil brûlant du centre de l'Afrique. Ces horreurs sont connues, et plutôt que de les rappeler, nous aimons mieux espérer que, grâce à l'arrivée des Européens dans le bassin du Congo, cet affreux trafic aura bientôt complètement disparu.

Il est cependant un fait que nous ne pouvons passer sous silence : au moment même où l'Association internationale du Congo entreprenait son œuvre d'humanité et de civilisation, l'Angleterre, qui jusqu'ici s'était montrée un des champions les plus ardents de l'abolition de l'esclavage, rétablissait la traite des noirs dans le Soudan.

Désormais, le trafic des noirs est toléré comme une institution nécessaire et un instrument actif de la politique libérale anglaise sur la côte orientale d'Afrique ; les marchands d'esclaves peuvent poursuivre leur gibier récalcitrant à l'ombre du drapeau de la philanthropique Angleterre.

TYPES DE BASSUNDIS.

# CHAPITRE XII.

Religion. — Funérailles. — Superstition. — Légendes. — Sorciers.

On ne peut appeler religion ou culte, les pratiques superstitieuses auxquelles se livrent tous ces indigènes; ils n'ont qu'une croyance : l'influence continuelle des mauvais esprits sur toute leur vie; tous leurs efforts tendent donc à les écarter.

Infirmités, malheurs, maladies, maux de toutes sortes, sont le résultat de maléfices ou de sortilèges jetés par un ennemi, souvent invisible, contre lequel ils ne peuvent se défendre: leur existence se passe dans des craintes continuelles.

Pour conjurer les mauvais esprits et aussi pour accomplir certaines cérémonies secrètes, il y a deux sortes de sorciers ou féticheurs : les *N'kimbas* et les *N'gangas*.

Les premiers ne sont pas positivement des féticheurs; ce sont plutôt les membres d'une confrérie dont on ne connait pas exactement le but et l'organisation. Cette franc-maçonnerie se compose de jeunes gens de douze à quinze ans, et quelquefois d'hommes. La période d'initiation, qui compte trois ou quatre degrés, dure deux années indigènes, c'est-à-dire douze mois; après quoi le N'kimba rentre dans la vie commune.

Pour se distinguer des autres, ces hommes sont tatoués d'une façon particulière : leur corps est entièrement recouvert d'une couleur blanche qu'ils fabriquent au moyen d'une terre spéciale; pendant les six premiers mois de leur noviciat, ils ne se lavent pas une seule fois, de crainte d'enlever cet enduit, qu'ils ont au contraire la précaution de renouveler souvent. Durant toute la durée de leur initiation, ils sont nourris aux frais de leurs concitoyens.

Les N'kimbas ne vivent pas en contact avec les profanes, ils évitent surtout la rencontre des femmes et des enfants, qui, ne pouvant être initiés, sont considérés comme des êtres impurs. Lorsqu'ils voyagent et se rendent d'un village dans un autre, ils annoncent leur présence par des roulements de tambour continuels; ceux qui ne font pas partie de la confrérie sont obligés de s'éloigner et de laisser le chemin libre. Si quelqu'un refusait de se conformer à cette coutume, il serait fustigé d'importance par les N'kimbas.

Outre la couche de blanc qui les distingue de leurs concitoyens, les initiés se couvrent la tête d'une couronne, en forme de cage, d'où pendent des bandelettes d'étoffe et où sont fixées les plumes d'oiseaux aux couleurs voyantes. Autour de leurs reins, une large ceinture de laine soutient un long jupon d'herbes sèches tombant jusqu'aux chevilles; des baguettes disposées en cercle élargissent ce jupon, comme une crinoline. Souvent aussi, de leur cou et de leurs épaules pendent de grosses touffes d'herbe; mais cet ornement est l'insigne d'un grade dans cette franc-maçonnerie. Pendant leurs cérémonies, ils parlent une langue spéciale, connue d'eux seuls, et qu'au grand jamais une femme ne doit comprendre. C'est sans doute le M'Pongwé, idiome des habitants des rives du Gabon, qui a pénétré jusque dans l'Afrique centrale, et qu'emploient les chefs, les féticheurs et les traitants.

Le N'ganga a des attributions plus étendues, et surtout plus connues et mieux définies que son confrère le N'kimba. Il est chargé, dans certains cas, de rendre la justice; il est souvent appelé comme arbitre pour régler les contestations entre deux hommes d'une même tribu; il réunit les palabres, prédit l'avenir, fait des incantations, soigne, nous ne disons pas guérit, les malades; ensuite, et c'est là son grand rôle, il désigne celui qui, par un sortilège quelconque, a donné la maladie, ou fait mourir le patient.

Le N'ganga est vêtu d'un long jupon d'herbes sèches; à son cou pend un énorme collier fait d'éclats de gourdes, de crânes d'oiseaux et de morceaux de bois grossièrement sculptés, ayant la prétention de représenter des têtes de volatiles; en guise de ceinture, il est entouré d'un trousseau de clochettes de fer qui tintent quand il se remue; il en tient encore deux ou trois à la main qu'il agite constamment. Généralement, il est suivi de deux femmes: l'une portant la calebasse où est enfermée l'idole; l'autre, la natte sur laquelle le féticheur s'assied pour accomplir ses fonctions.

Dans leur ignorance et leur naïveté, ces peuples ne

sauraient attribuer les accidents, la maladie, la mort à des causes naturelles; ils ne voient là que la manifestation d'un esprit, excité par un ennemi; aussi, ont-ils un démon pour chaque maladie, le démon de la dyssenterie, de la fièvre, de la petite vérole; surtout celui-là, car les épidémies de variole sont fréquentes dans ces régions. C'est le N'ganga qui est appelé à donner ses soins à la victime du sortilège.

Ces sorciers n'ont aucune notion de l'art de guérir; leurs connaissances médicales se bornent à la fabrication de quelques poudres extraites de l'écorce d'arbres et de potions dont la formule est inconnue. Ces remèdes ne s'administrent pas en raison de leurs vertus curatives, mais à cause de leur puissance magique. On inflige souvent aux malades un traitement tel que s'ils guérissent, c'est assurément en vertu de ce principe : un mal en chasse un autre.

Chez les Okandas, par exemple, le malheureux atteint de la petite vérole est plongé à plusieurs reprises dans un bain aussi froid que possible; si la maladie ne cède pas à cette médication énergique, on noie tout simplement le patient.

Le rôle du N'ganga ne se borne pas à administrer ses drogues : pendant que, sur son ordre, les parents et les amis du malade font dans sa maison un vacarme épouvantable pour chasser les esprits, le sorcier cherche quel est celui qui a excité cet esprit; il trouve toujours un coupable, le désigne, et son jugement est sans appel.

Celui qui est convaincu par le N'ganga d'avoir jeté

un sort à un de ses semblables, est condamné, s'il est riche, à payer une forte amende, dont le devin empoche la meilleure part; s'il est pauvre, il est soumis à l'épreuve du poison ou *casca* (1), qui peut tuer selon la dose à laquelle il est administré. S'il y a mort d'homme, le cas est plus grave : pour chaque personne qui meurt, une autre est faite « Ndokki » (possédée du démon), et c'est encore le N'ganga qui est chargé de désigner le malheureux et de lui administrer le casca. Si la dose est faible, le poison produit l'effet de l'émétique, et, avec plus ou moins de bile, le coupable vomit le démon. Si la dose est trop forte, il en meurt. Quelquefois, il arrive que le possédé ne rend pas le démon, et cependant ne meurt pas; dans ce cas, les assistants se précipitent sur lui, le taillent en pièces avec leurs couteaux, ou bien encore, le font cuire à petit feu, le soir à la veillée.

Malgré cette façon de traiter les malades, la mortalité n'est pas plus grande chez ces indigènes que chez d'autres.

Le sorcier dit encore la bonne aventure aux femmes, en leur crachant au visage ; vend des amulettes, des talismans, consulte les augures avant que les indigènes ne partent en guerre, n'entreprennent un voyage ou même n'aillent à la chasse. Ces talismans sont ordinairement une corne remplie de boue et d'écorce, dont l'extrémité inférieure porte trois petits

---

(1) Le *casca* est extrait de l'écorce épaisse et dure d'un arbre haut de 40 à 100 pieds : *Erythrophæum Guiense*.

cornillons. Les marchands d'esclaves ont tous un de ces amulettes qu'ils frottent à chaque instant de terre et d'huile, afin de se rendre favorable l'esprit qui l'habite, et d'empêcher les esclaves de s'évader.

Il est bien entendu qu'aucune des fonctions de N'ganga n'est gratuite; il se fait même payer fort cher et d'avance.

Cameron raconte les cérémonies d'incantation accomplies par un féticheur pour préserver le camp contre les incendies.

« La cérémonie eut lieu un peu avant le coucher du soleil; on apporta au sorcier une poule, une chèvre, un grand vase rempli d'eau, un panier, de la boue, une branche dépouillée de feuilles, des couteaux et une auge d'écorce. Le sorcier était accompagné d'un acolyte, un jeune homme, apprenti féticheur sans doute.

« L'acolyte alla s'asseoir sur l'auge, au midi; le féticheur s'assit du côté opposé, lui tournant le dos et faisant face au nord. Ainsi placés, ils se frottèrent mutuellement les bras en prononçant des paroles mystiques...Après cette opération, le féticheur traça sur le sol, avec le pied, une croix dont l'un des bras désignait le couchant; il prit une poignée de poudre d'écorce, en souffla une partie vers le soleil et le reste dans la direction contraire.

« A la place où la croix avait été faite, on ouvrit une tranchée, dans laquelle fut déposée l'auge magique. Le féticheur y versa un peu d'eau et aspergea le sol, au nord d'abord, puis au midi..... L'acolyte, placé au nord de l'auge, exécutait en même temps et strictement les mêmes actes. Puis tous deux allèrent s'asseoir, le féticheur à l'est, l'acolyte en face de lui. Une fois assis, ils prirent la poule ; l'enfant la tenait par les pattes et par les ailes ; le sorcier saisit la tête, qu'il frotta avec de l'argile blanche, et coupa la gorge du volatile, en ayant soin de faire tomber le sang dans l'auge.

« La même cérémonie eut lieu pour la chèvre, que deux assistants aidèrent à maintenir et dont le cadavre, placé au nord, regardait le couchant. Après s'être lavé la figure avec de l'eau mêlée au sang des victimes, le magicien prit dans sa bouche un peu de cette eau ensanglantée et la projeta d'abord au couchant, puis vers le levant. Il se frotta ensuite la poitrine et les mains avec l'eau du sacrifice.

« Toute cette cérémonie, évidemment, s'adressait au soleil, qu'elle avait pour but de nous rendre propice. »

Les tribus ne sont pas toutes également superstitieuses ; on cite même les Ba-Yanti comme n'ayant pas de féticheurs. Quand son ministère est exigé pour trancher un différend, on prie celui d'une autre tribu de venir rendre son jugement, on le paie et on le renvoie.

En somme, ces populations n'ont pas de religion ; mais comme elles ont un vague sentiment de la vie future, elles ont une espèce de culte pour les ancêtres, que semblent prouver les cérémonies qui accompagnent les funérailles d'un des leurs.

Lorsqu'un homme meurt, son corps est exposé à

l'action d'un feu doux, pour le dessécher, jusqu'à ce que la chair soit réduite à l'état de parchemin collé aux os ; les mains seules sont exceptées de cette cuisson.

Cette opération terminée, ce qui fut la figure du cadavre est point en rouge, en jaune et en blanc ; le corps est recouvert d'une épaisse couche de rouge ; autour du nez et de la bouche on roule des bandes d'étoffe, et le mort tout entier est emmailloté de bandelettes de coton : toujours à l'exception des mains qui restent libres.

Ainsi préparé, le cadavre est placé, assis, dans une fosse creusée sous une hutte ; si c'est un chef, la demeure est ensuite abandonnée ; si c'est un simple mortel, ses femmes y restent enfermées pendant cinquante jours, le visage barbouillé de poudre de charbon, et se livrant à toutes les démonstrations d'une grande douleur. Dans la fosse, le corps est soulevé et recouvert de pièces d'étoffe de coton, qui, dans le pays, ont une grande valeur.

Etant donnée l'idée vague que ces peuples ont de la vie future, ils supposent que le monde des esprits est une pâle reproduction de notre monde sublunaire : c'est pour cette raison qu'ils déposent, près du cadavre, une foule d'objets usuels, afin qu'en arrivant dans l'autre monde, le défunt trouve tout ce qu'il lui faut. Ils y mettent donc des vêtements, des poteries, des armes et des vivres ; si c'est un roi, on y ajoute des esclaves préalablement pendus. Les poteries sont brisées, les couteaux tordus, les vêtements lacérés ;

on les *tue*, en un mot, afin qu'eux aussi, étant *morts*, passent avec leur maitre dans le monde des esprits.

Les Wabuma ont un endroit spécial pour ensevelir les chefs de leur nation : les rois et les reines sont enterrés dans l'île de Kermeh, ou île sainte, à l'ombre des grands arbres dont cet îlot est couvert.

Stanley donne des détails sur un massacre d'esclaves à l'occasion des funérailles d'un chef Bakuti ; c'est un de ses agents de la station de l'Equateur qui fut témoin de ce fait.

« Un grand chef étant mort, on décida d'immoler quatorze esclaves en son honneur. Les parents du défunt se mirent aussitôt en quête de victimes; comme ils ne pouvaient en réunir un nombre suffisant, ils vinrent à Equateur-station pour acheter des employés noirs de l'Association, qu'ils prenaient pour des esclaves. Le lieutenant Vangèle les fit chasser.

« A force de recherches, ils réussirent à se procurer quatorze hommes dans l'intérieur. Les condamnés furent amenés sur la grande place du village, où se tenait réunie toute la population. On les fit mettre à genoux, les mains liées derrière le dos ; la corde fut ensuite passée sur la maîtresse branche d'un jeune arbre et des hommes la halèrent, de façon à courber la branche ; l'extrémité de la corde fut ensuite attachée au cou de la victime. Dans cette position, la corde était très tendue, de sorte que, pour n'être pas étranglé, l'homme levait la tête et allongeait le cou.

« Un indigène, armé d'un couperet tranchant, décapita l'esclave d'un seul coup ; l'arbre, se redressant subitement, fit sauter en l'air la tête, qui vint retomber sur le sol. Le même supplice fut infligé à tous les esclaves successivement. Les corps furent jetés au fleuve, et les têtes, bouillies et décharnées, plantées sur des piques autour du tombeau. Quant au sol, saturé de sang, on le recueillit soigneusement, et on le mit dans la tombe du défunt. »

Il n'existe pas, que nous sachions, de rite spécial pour l'enterrement des femmes ; cependant Cameron raconte qu'étant chez le roi Kassonngo, il resta sept jours sans pouvoir être reçu par le souverain, parce que celui-ci, ayant perdu une de ses épouses, « avait dû rester une semaine couché avec son cadavre ».

Pour les esclaves, on ne fait pas tant de cérémonies : on abandonne leur corps dans la broussaille, où ils deviennent la proie des fauves, ou bien on les jette dans le grand fleuve, qui les emporte dans quelque cataracte où ils se brisent, à moins que les crocodiles ne les arrêtent au passage pour les dévorer.

De cette croyance aux esprits, que les naturels voient partout, résulte nécessairement l'idée que ces êtres malfaisants ont des demeures spéciales : c'est d'abord les souterrains de M'kama, sur les bords du lac Tanganika, dont l'intérieur est formé de voûtes et de colonnades d'une grande beauté ; la superstition des indigènes a peuplé ces grottes d'habitants bizarres et surnaturels ; du reste, le lac inspire une crainte superstitieuse à plusieurs tribus environnantes : c'est ainsi que les chefs de l'Ogarou sont persuadés que s'ils voyaient le Tanganika, ils mourraient à l'instant.

Voici la légende que racontent les pêcheurs et les traitants indigènes, sur la formation du Tanganika :

« A l'endroit, disent-ils, où vous voyez ce lac, se trouvait, il y a longtemps, bien longtemps, une immense plaine habitée par beaucoup de nations qui possédaient de nombreux troupeaux. Dans cette plaine on voyait une grande ville, dont toutes les maisons étaient entourées d'enceintes très hautes, formant des cours où le bétail passait la nuit. L'une de ces enceintes renfermait une source abondante qui alimentait un joli petit ruisseau, le seul qu'il y eût dans le voisinage.

Il y avait dans la source d'excellents poissons, qui fournissaient au propriétaire une nourriture copieuse; mais l'existence de ce trésor ne devait être connue que des membres de la famille, sous peine des plus grands malheurs.

Un jour, la femme du propriétaire, qui aimait un homme de la ville, lui envoya du poisson de la source merveilleuse. La chair était si bonne, le goût si nouveau, que l'homme voulut savoir d'où venait ce mets délicat, meilleur que du mouton ou de la chèvre. La femme résista pendant longtemps; puis son mari eut affaire dans l'Ouvinnza. Au moment de partir, il recommanda à son épouse de ne laisser voir la fontaine à personne; elle promit de garder le secret.

Lorsqu'elle jugea que son mari était loin, elle alla chercher celui qu'elle aimait, et lui donna à manger ce qu'elle avait de meilleur. Après le repas, où la chair inconnue avait abondé, l'ami renouvela ses instances. Elle le conduisit alors près de la fontaine. Jamais il n'avait rien vu de semblable ; il regardait avec ravissement les poissons étinceler, se poursuivre, sauter, plonger, quand un craquement terrible se fit entendre : la terre s'ouvrit, la plaine enfonça, enfonça tellement que les lignes les plus longues ne pourraient l'atteindre.

La source déborda, emplit la grande fente. Le bétail, les champs, les maisons, les jardins, les hommes, tout fut recouvert par les eaux ; le lac était formé.

Quand l'homme eut fini ses affaires, il se mit en route pour revenir chez lui. Tout à coup, il trouva des montagnes qu'il ne connaissait pas ; lorsqu'il fut au sommet, il vit le lac à la place de la ville et des champs ; il sut alors que la fontaine avait été regardée, et que tout le monde avait perdu la vie par la faute de sa femme.

Voilà ce que nous ont dit nos vieillards au sujet de Tanganika. »

Cameron cite la légende relative à la formation du lac Dilolo ; elle est surtout curieuse parce qu'elle rappelle le récit de la Bible à propos de la Mer Morte.

A la place où est aujourd'hui le lac, il y avait autrefois un grand village où l'on était heureux. Tous les habitants étaient riches ; ils possédaient tous beaucoup de chèvres, de volailles et de cochons, du grain et du manioc en bien plus grande quantité qu'ils n'en est maintenant accordé. Ces gens riches passaient leur vie à boire et à manger, sans s'occuper du lendemain.

Un jour, un homme très âgé vint dans cet heureux village. Il était las et affamé ; il demanda aux habitants d'avoir pitié de lui, car il avait encore une longue route à parcourir. Loin d'écouter sa demande, les hommes riches le chassèrent et engagèrent les enfants à lui jeter des pierres, de la boue et des ordures.

Mourant de faim, les pieds déchirés, il sortait du village, quand un habitant, plus généreux que les autres, l'emmena dans sa case, lui présenta à boire, tua une chèvre et plaça devant lui une bouillie de grain et un plat de viande ; puis, quand le vieillard fut rassasié, le villageois lui donna sa propre demeure pour dormir.

Au milieu de la nuit, le vieillard se leva, alla réveiller l'homme généreux et lui dit :

— Vous avez été bon pour moi ; je veux à mon tour vous rendre service ; mais ce que je vais vous confier ne doit pas être connu de vos voisins.

L'autre promit le secret. Sur quoi le vieillard lui dit :

— Avant peu, il y aura pendant la nuit un grand orage ; dès que vous entendrez le vent souffler, levez-vous, prenez tout ce que vous pourrez emporter et fuyez au plus vite.

Et le vieillard s'en alla.

Deux nuits après, l'homme généreux entendit pleuvoir et venter comme on ne l'avait jamais entendu.

— L'étranger a dit vrai ! pensa-t-il.

Et se levant aussitôt, il partit avec ses femmes, ses chèvres, ses esclaves, ses poules et tout son avoir.

Le lendemain matin, à la place où était le village, s'étendait le lac Dilolo.

Il nous reste maintenant à parler d'une accusation souvent portée contre les habitants du Congo, et qui ne paraît que trop fondée : nous voulons parler de leur cannibalisme.

Livingstone a hésité à les déclarer anthropophages ; Stanley ne doute pas un seul instant qu'ils ne mangent leurs semblables ; il va même jusqu'à dire qu'en l'attaquant sur le haut fleuve, les indigènes voyaient dans sa capture un moyen de se procurer de la « viande fraîche ». Quant aux Ossyebas, il n'y a pas à douter qu'ils mangent l'homme.

Nous n'avons pas l'intention de prendre la défense de ces sauvages ; nous voulons même admettre qu'ils sont anthropophages. Cependant, nous devons constater que M. Stanley, qui est leur plus violent accusateur, n'a jamais assisté à leurs honteux festins ; dans certains villages, il a vu des crânes plantés sur des piques, et des maisons ornées d'ossements humains : ceci n'est pas une raison concluante, car lui-même, dans un autre endroit, a pu constater que ces débris humains sont des fétiches, et que les crânes des esclaves tués en l'honeur d'un chef défunt sont exposés ainsi autour de son tombeau.

Pour être anthropophages, les habitants du Congo n'ont pas les mêmes raisons que les insulaires de l'Océanie : ils élèvent des chèvres, des porcs, des volailles ; leurs forêts regorgent de gibier, et les prisonniers de guerre sont vendus comme esclaves.

Nous croyons donc que les actes de cannibalisme sont excessivement rares; que les naturels ne dévorent un ennemi, de temps à autre, que par vengeance, mais qu'ils ne mangent pas l'homme par goût.

Il est bien entendu que nous exceptons les Ossyebas, chez lesquels M. Marche a trouvé des preuves palpables de leur coutume horrible de se nourrir fréquemment de chair humaine.

## CHAPITRE XIII.

Culture. — Industries. — Commerce. — Avenir de la race nègre.

Autour de chaque village, et souvent même autour de chaque case, les indigènes cultivent les légumes et les plantes dont ils se nourrissent; cette culture est, à vrai dire, des plus rudimentaires : la terre vierge demande à peine à être labourée ; le sol fécond, arrosé par des pluies périodiques et chaque nuit par une abondante rosée, chauffé par les rayons brûlants du soleil, donne, presque sans travail, le manioc, le millet, le maïs, le plantain. Il serait donc plus juste de dire que les naturels récoltent et ne cultivent pas.

Le seul travail consiste, en somme, à défricher. Si la tribu est établie dans un pays boisé, le défrichement demande une certaine peine ; si c'est dans une plaine, il se fait d'une façon bien simple : vers la fin de la saison sèche, alors que les hautes herbes sont réduites à l'état de paille par le soleil, ils mettent tout simplement le feu à la prairie; les cendres restent sur la terre. Quand vient la saison des pluies, l'eau imprègne cette couche, la fait pénétrer dans le sol et l'engraisse ; il n'est même pas nécessaire de labourer, quand vient l'époque des semis; la graine déposée sur la terre germe, pousse et produit en quelques semaines.

Les habitants ne se bornent pas à récolter les fruits

des plantes qu'ils cultivent ; ils s'approvisionnent aussi dans la forêt vierge, qui leur donne l'huile de palme, la noix de terre, les graines oléagineuses et tous les produits qu'ils emploient à leur consommation personnelle et dont ils trafiquent.

Mais les indigènes ne se contentent pas de demander à la terre ses meilleurs produits ; ils élèvent encore des animaux domestiques : chèvres, cabris, porcs, volailles ; vivant presque tous sur les bords du grand fleuve et de ses affluents, ils se livrent à la pêche et conservent le poisson en le faisant sécher ; ils traquent les bêtes fauves dans les forêts, pour s'emparer de leurs dépouilles : défenses d'éléphants, dents de rhinocéros, peaux de léopards ou de lions ; et les ustensiles, les armes, les canots qu'ils emploient, ils les fabriquent eux-mêmes.

Nous avons déjà dit que plus on s'avançait dans l'intérieur, plus l'habileté et l'industrie des indigènes semblaient développées. D'abord les meubles de leurs maisons sont plus confortables, plus nombreux et plus élégants : chacun a son tabouret, de forme gracieuse et orné de sculptures ; dans chaque famille, on trouve un canapé, soigneusement fait, en canne, où trois personnes peuvent s'asseoir à l'aise, et, de plus, un banc, de quatre à cinq pieds de long, taillé d'un seul morceau dans une bille de bois tendre. Ces sièges feraient supposer un esprit éminemment sociable chez leurs propriétaires.

« Une autre pièce intéressante du mobilier se compose de la fourche d'un arbre, coupée à peu de distance du point de ramification. Les brins de cette fourche, que l'on a soigneusement pelée et décortiquée, au nombre de trois ou quatre de la même longueur, sont posés de manière à former les patins de la tige, qui, placée derrière le banc ou le tabouret, sert de dossier. »

Dans certaines tribus, notamment chez les habitants des bords de l'Arouwimi, les hommes excellent à travailler l'ivoire ; ils en font des coins, des trompes, des pilons, des maillets, des boules, des anneaux de bras.

D'autres peuplades ont la spécialité des armes, des couteaux, des haches ; dans leurs villages, ils ont de grandes forges où travaillent de nombreux ouvriers. Le fourneau dans lequel le minerai est fondu, consiste en une masse d'argile de quatre pieds d'élévation, dans laquelle on a fait un creux de deux pieds de diamètre, et d'une profondeur égale. Une large ouverture pratiquée à la base du tertre s'étend jusqu'au-dessous de la cuvette et sert de foyer. Quatre conduits, également pratiqués au bras du bloc d'argile, reçoivent des appareils de terre cuite, en forme d'entonnoirs, auxquels aboutissent des soufflets.

Chaque soufflet est composé de deux sacs en peau de chèvre, ayant au bout fermé un tuyau d'argile qui pénètre dans l'entonnoir du fourneau, et se manœuvre au moyen de deux bâtons placés perpendiculairement au centre des sacs.

Avec ce simple appareil, les indigènes fabriquent des cognées, des haches d'armes, des lances à larges fers, des colliers, des anneaux de bras et de jambes, des épées, des couperets, des couteaux. L'art du forgeron est tenu en grande estime, et chaque génération apprend à son tour les procédés traditionnels, qui sont nombreux, et prouvent que, même à l'état sauvage et réduit à ses propres ressources, l'homme est susceptible de se perfectionner et de progresser.

Les poteries, vases, plats, pots, révèlent une grande habileté de main et même, dans la forme, un certain sentiment artistique. Il en est de même pour les instruments de musique. Si, dans le bas Congo, on ne trouve que des tambours grossiers creusés dans un tronc d'arbre, des trompes fabriquées avec des cornes d'antilopes, on voit, sur le haut fleuve, la trompe d'ivoire, le tambour à la caisse curieusement sculptée, pour appeler les guerriers au combat, et pour accompagner leurs chants monotones, la lyre à cinq cordes, dont ces sauvages musiciens tirent des sons d'une douceur et d'une mélodie surprenantes.

Les grands canots portant deux cents hommes, qu'ils montent pour leurs expéditions, ou les pirogues sur lesquelles ils s'embarquent pour aller à la pêche, sont creusés, à la hache, dans un seul tronc d'arbre; quelques-unes de ces embarcations sont immenses. Stanley a vu un canot mesurant quatre-vingt-trois pieds de l'avant à l'arrière; les pagaies sont longues, flexibles, et la palette est généralement creuse.

Mais les indigènes excellent surtout dans la fabrication des ouvrages de vannerie. Ils jettent sur les petites rivières des ponts suspendus, dont le tablier

PONT INDIGÈNE.

est fabriqué avec les fibres du palmier. Pour porter les marchandises au marché, ils font des paniers et des hottes dont le tissu est tellement serré qu'ils sont presque étanches, et pourraient contenir du liquide ; des cages dans lesquelles ils transportent la volaille.

Une des grandes privations des indigènes, c'est le manque de sel, dont ils raffolent, et qui fait défaut sur bien des points. Pour se procurer ce condiment, ils ont deux moyens : ils extraient le sel de nitre du chiendent, fort abondant, ou bien ils lavent des terres salines. Dans le premier cas, voici comment ils procèdent :

En juin, juillet et août, ils coupent de grandes quantités de chiendent qu'ils laissent sécher sur place ; quand il atteint un degré de dessiccation suffisant, ils le brûlent, ramassent les cendres qu'ils font bouillir, et le résidu est un sel de couleur gris sale.

Pour laver les terres, ils construisent un grand châssis en forme d'entonnoir, composé de baguettes reliées par des cercles ; l'appareil est élevé de terre et soutenu par des pieux. L'intérieur est tapissé de grandes feuilles. L'entonnoir est rempli de terre saturée de sel, sur laquelle on verse de l'eau bouillante ; le sel se dissout et tombe dans un vase de terre placé sous l'appareil. L'eau est ensuite évaporée, et il reste au fond du vase un résidu impur et boueux contenant beaucoup de salpêtre ; ce résidu est mis en pains coniques, pesant environ trois livres, et porté au marché.

Ces marchés sont fort curieux ; ils se tiennent à

date fixe dans chaque région, sur un point central, à proximité de tous les villages. Dans le pays montagneux, ils sont placés sur une éminence commandant tous les environs; dans la plaine, sur un emplacement spacieux, débarrassé des hautes herbes et des broussailles. Les naturels viennent de très loin pour y assister et s'y trouvent quelquefois réunis au nombre de mille.

Ils y amènent des moutons, des chèvres, des canards, des volailles, enfermés dans des cages supportées par une perche que portent deux hommes; puis des œufs, des fruits, des légumes, de la canne à sucre, du maïs et du kikwango, sorte de cassave faite avec du manioc et du sel.

Les femmes viennent à ces marchés, et c'est elles qui portent les plus lourds fardeaux; à elles aussi est réservé le soin de vendre et, comme partout, elles sont habiles, empressées, crient, se démènent, font un vacarme assourdissant. Pendant ce temps-là, les hommes se promènent, ou, réunis dans un coin, fument en silence.

Outre ces marchés, il en existe d'autres dans les grands centres, où les habitants se rendent souvent de distances fort éloignées; ceux de l'intérieur organisent de véritables caravanes; ils y portent l'ivoire, l'huile de palme, les articles de leur fabrication, le poisson sec et les produits de leur région.

Les riverains viennent dans leurs grands canots; aussitôt arrivés, les pirogues sont halées sur la plage et les femmes se mettent en devoir de décharger les

UNE CARAVANE.

marchandises dans de grandes hottes maintenues sur le dos par une courroie passant sur le front.

Dans ces grands marchés, on vend de tout, des esclaves, de l'ivoire, des fruits, des étoffes, du bétail ; les femmes s'occupent des menues marchandises, les hommes font les échanges. Il n'y a pas de base fixe pour ces transactions : tantôt on échange un esclave contre de l'ivoire, contre des cauris, ou contre des chèvres ; d'autres fois, c'est la perle, bleue ou rouge, suivant la région, qui sert d'unité monétaire ; tantôt, c'est l'huile de palme, le poisson sec ou toute autre marchandise ; mais en général, quand les Arabes de la côte orientale viennent dans ces grandes réunions commerciales, ils achètent des esclaves et de l'ivoire, qu'ils paient en cauris, en cotonnades, en mousquets ou en perles.

Pendant toute la durée du marché, la place où il se tient offre une animation indescriptible, un *brouhaha* épouvantable, un va-et-vient de plusieurs milliers de personnes ; puis, quand arrive la nuit, tout ce monde disparait, les pirogues reprennent le fleuve et la place redevient silencieuse et déserte.

La population répandue sur les rives du Congo est très dense, notamment au-dessus de Stanley-Pool ; on l'évalue à *quarante-neuf* ou *cinquante* millions d'habitants. Ainsi que nous l'avons vu, ces masses n'ont entre elles aucune cohésion, aucun lien national ; on pourrait presque dire que chaque village forme un Etat indépendant, tributaire d'un roitelet voisin. C'est cette division qui constitue la faiblesse de la race nègre.

M. Stanley a rêvé un instant de réunir tous ces éléments épars pour en former une grande nation ; nous n'avons pas à apprécier ici les motifs qui poussaient le reporter américain dans cette entreprise, et quel profit il pensait en retirer, soit pour lui, soit pour ceux qu'il représente. Nous croyons que ce n'est heureusement qu'un rêve, et un rêve irréalisable.

Divisés comme ils le sont, ces petits peuples sont disposés à recevoir les blancs, à accepter les bienfaits de la civilisation européénne ; mais supposons — ce qui d'ailleurs nous paraît impossible — qu'il se trouve un noir assez intelligent, assez fort pour réunir sous son sceptre cinquante millions d'hommes, quel sera la première mesure que prendra ce souverain ? Assurément, il défendra l'entrée de son empire aux Européens, et il aura les moyens de les tenir à distance ; car il ne pourrait voir d'un œil tranquille les blancs armés, établis dans ses domaines.

Aujourd'hui, nous venons en maîtres ; nous nous imposons dans chaque village qui se soumet, faute souvent de pouvoir se défendre. Si l'Etat libre du Congo n'était qu'un vaste empire, c'est en suppliants que nous y serions entrés, et la durée de notre séjour serait soumise au bon plaisir d'un despote africain.

Malgré ses défauts, ses vices même, cette race nègre est intelligente, adroite, industrieuse ; entraînés par l'exemple, séduits par les bénéfices, ces noirs noueront avec nous des relations commerciales ; c'est sur nos marchés à nous qu'ils apporteront leurs produits, et ils comprendront bientôt ceux qu'ils doivent cultiver de préférence ; ils s'apercevront vite que plus ils demanderont au sol et plus le sol leur donnera, ils deviendront agriculteurs. Beaucoup viendront chez nous et reporteront ensuite dans leurs villages les habitudes qu'ils nous auront prises.

Il ne faut pas juger le nègre sur l'esclave que nous avons vu jadis dans nos colonies; sur cet homme enlevé au sol natal et condamné à vivre et mourir loin de sa patrie. Dans son pays, travaillant pour lui, pour son bien-être personnel, il deviendra laborieux. Délivré de ses superstitions et de ses institutions abominables, il acceptera nos progrès et notre civilisation. Parsemée comme elle l'est d'établissements européens, traversée, visitée, reconnue dans tous les sens, l'Afrique ne peut résister longtemps à la conquête de la civilisation sur la barbarie.

# CHAPITRE XIV.

### Climat. — Productions du sol. — Animaux

Etant donnée l'étendue considérable de la région du Congo, on comprendra que le climat présente, suivant les latitudes, différents degrés de température et de salubrité. Cependant, on peut dire qu'en général, il est moins malsain que celui du bassin du Niger ou de la Côte-d'Or, par exemple.

L'absence presque complète de terrains bas et marécageux, sur les rives du Congo, est sans doute la cause du moins de violence des fièvres ; c'est aux brises venant de l'Océan Atlantique qu'il faut attribuer la fraîcheur relative qui règne dans certaines contrées.

Près de l'embouchure du fleuve, entre Boma et la mer, s'étend une région marécageuse plantée de palétuviers, qui mérite absolument sa réputation de pays malsains ; mais, à mesure que l'on remonte le cours du Congo et que l'on s'avance dans l'intérieur, où le terrain va toujours s'exhaussant, le climat devient sain et la chaleur tolérable. Une des causes de salubrité de cette région est assurément due à la qualité de l'eau : non pas celle du Congo, qui a une odeur et un goût désagréables, mais celle des innombrables petits cours d'eau qui sillonnent toute la contrée, se dirigeant vers le fleuve. Outre la dyssenterie, la maladie la plus terrible de ces pays est la fièvre bilieuse, que les Portugais appellent la *febre perniciosa*.

Le grand fléau dans toute cette région voisine de l'équateur, et celui qui fait le plus de victimes, c'est l'insolation. Dans ces pays tropicaux, où le soleil darde presque d'aplomb ses rayons embrasés, la moindre imprudence peut amener la mort, et la mort immédiate. Ce qui, en Europe, ne serait qu'une simple imprudence, devient sous l'équateur un danger mortel. Un excès de boire ou de manger, par exemple, au lieu de provoquer, comme sous notre ciel, une vulgaire indigestion, peut déterminer un accès de fièvre bilieuse; dans ce cas, trop souvent, le dénouement ne se fait pas attendre.

Il est cependant possible de bien se porter, sous ce climat réputé meurtrier : il suffit pour cela de prendre certaines précautions, et, surtout, d'user de tout avec modération, de s'abstenir autant que possible d'alcools, de se vêtir chaudement, de bien se couvrir la nuit. Dans ces conditions, un homme peut parfaitement supporter le climat du Congo.

Le grand danger de tous ces pays vient de l'humidité; même pendant la saison sèche, l'air est saturé de brouillards, semblables à des nuages flottant très bas, qui déposent partout comme une abondante rosée. C'est le « cacimbo » des Portugais, et les « fumées » des côtes de Guinée.

La durée de la saison pluvieuse augmente à mesure que l'on s'éloigne des côtes de l'Océan; près de l'embouchure du Congo, il pleut pendant quatre mois : novembre, décembre, février et mars, coupés par quelques jours de sécheresse pendant le mois de janvier. A Stanley-Pool, les pluies commencent en octobre et durent jusque vers le 20 mai, sans arrêt en janvier ; c'est 8 mois de saison pluvieuse. Plus près de l'équateur encore, on peut dire que les averses sont journalières.

La saison sèche, qui est aussi l'époque des chaleurs torrides, est peut-être la plus dure à supporter, aussi bien pour les plantes que pour les arbres. A peine les pluies ont-elles cessé depuis un mois, que le sol se crevasse, la luxuriante végétation se fane, les feuilles si vertes et si belles perdent leur couleur et jonchent le sol ; les hautes herbes, hier encore humides et fraîches, s'inclinent vers la terre, brûlées et desséchées. C'est ce moment que les indigènes choisissent pour défricher, c'est-à-dire pour incendier des plaines immenses.

L'époque la plus agréable est assurément celle où tombent les premières averses : c'est comme le printemps de ces régions. La nature entière semble revivre ; le sol calciné perd sa teinte grisâtre ; les jeunes pousses se forment et croissent presque à vue d'œil, et, en quelques jours, la végétation reprend toute sa vigueur et son étonnante puissance, émaillant de fleurs aux tons les plus brillants ces mêmes buissons qui, hier encore, semblaient composés de brindilles mortes et desséchées.

Faut-il s'étonner que, dans ces conditions climatériques, on rencontre au Congo toutes les plantes dont les fruits sont si recherchés: le palmier de toutes les espèces, cocotier, palmier dattier, palmier à huile, et une sorte de palmier dont le fruit jaune, de la forme et de la grosseur d'une pomme, contient un noyau dur et blanc comme de l'ivoire; les éléphants ont une véritable passion pour ce fruit. Citons encore le bananier, la canne à sucre, que cultivent les indigènes, et le manioc; cette dernière plante mérite une mention particulière.

La racine de manioc, que l'on pourrait appeler le pain de tous les habitants des pays tropicaux, est de deux sortes: l'une contient un poison violent qui doit être éliminé par un trempage prolongé dans l'eau : c'est le cas du manioc du Congo; l'autre est parfaitement anodine, comme celle de la Guyane. Voici comment se prépare le manioc :

On réduit la racine en une poudre très fine, comme de la farine, et on le met à tremper dans l'eau pour enlever son principe vénéneux; pendant cette opération une pulpe très légère remonte à la surface de l'eau : c'est le tapioca. On retire ensuite la farine de manioc du bain, et on la fait sécher sur des plaques de tôle, ou simplement des pierres chaudes ; elle est ensuite pétrie comme du pain ; ou bien, on la laisse fermenter, et quand elle forme une espèce de pâte, on la coupe par tranches minces, que l'on apprête de différentes façons, en les faisant frire dans du beurre, par exemple.

A ces productions du sol, ajoutons les légumes : pommes de terre, choux sauvages, ananas, noix de terre, maïs, tabac, café sauvage, plantes textiles de toutes sortes, arachides, plantes oléagineuses, puis les plantes à gomme, entre autres la *Landolfia florida*, excessivement abondante. M. Stanley assure qu'en une seule année le produit de cette gomme fournirait les fonds nécessaires à la construction d'un chemin de fer.

La faune du Congo n'est pas moins riche que sa flore.

C'est d'abord l'éléphant, très abondant dans toute cette contrée, peut-être parce que les indigènes le chassent peu ; les magnifiques défenses, qu'ils échangent dans les comptoirs européens contre des produits de nos manufactures, ne sont pas enlevées par eux sur les grands pachydermes ; ils les reçoivent des tribus de l'intérieur avec lesquelles ils trafiquent. Peu inquiété, l'éléphant ne s'éloigne guère des établissements ; le soir, au coucher du soleil, il n'est pas rare de voir une bande de ces monstres marchant en file indienne, se diriger vers quelque frais ruisseau dont ils ont fait leur abreuvoir. La nuit, surtout quand la lune brille, c'est au Congo qu'ils viennent pour se baigner. Le matin, on peut suivre, par les dégâts qu'ils commettent sur leur passage, le chemin qu'ils ont pris pour rentrer dans la sombre forêt.

On estime à deux cent mille le nombre des éléphants habitant les forêts du Congo, dont les défenses, au cours moyen de l'ivoire, représentent une somme de *cent vingt-cinq millions* de francs.

L'hippopotame est un des mammifères les plus communs du Congo, il abonde littéralement dans le fleuve et ses grands affluents. Pendant le jour, ces animaux se tiennent de préférence sur les bancs de sable couverts par les eaux ; la tête seule émerge au-dessus des flots, et la vue de leurs immenses mâchoires qui s'ouvrent et se ferment pendant leurs fréquents bâillements est vraiment effrayante. La nuit, ils quittent le fleuve, et par bandes de huit ou dix vont, dans les prairies voisines, brouter les hautes herbes ; ils y restent jusqu'au lever du soleil.

La femelle de l'hippopotame a le sentiment maternel très développé : pendant les premières semaines qui suivent la naissance de son petit, elle reste avec lui sur les rives du fleuve, sans y entrer : peut-être parce qu'elle craint que son bébé hippopotame ne soit une proie trop facile pour les crocodiles.

Quelquefois, un vieux mâle quitte ses compagnons et va vivre seul, en solitaire ; alors, il devient méchant, et on dirait qu'il prend plaisir à détruire tout ce qui se trouve sur son passage. M. Johnston en a vu un qui s'était établi dans le voisinage de M'suata. « Cette méchante bête, dit-il, était la terreur des indigènes de tous les villages avoisinants ; le soir, au crépuscule, caché dans de hauts buissons, il guettait le retour des pêcheurs rentrant au logis ; il se dirigeait alors vers eux, nageant entre deux eaux, et renversait leur canot.

« Pendant que j'étais à cet établissement, nous envoyâmes une pirogue porter des lettres à Stanley. Le canot, parti au point du jour, fut renversé, près de la station, par cet hippopotame, et un des hommes qui le montaient fut emporté par un crocodile.

« En résumé, l'hippopotame peut être considéré

comme le plus terrible ennemi de l'homme sur le Congo (1). »

Le lion est très commun sur le haut Congo ; on commence à l'entendre aux environs de Stanley-Pool, et plus loin, dans l'intérieur, il doit y en avoir beaucoup. La plupart des grands chefs de tribu ont des peaux de lion. C'est assis sur une peau de lion que Makoko reçut de Brazza, à sa première visite. Beaucoup des villages de la rive droite du Congo se barricadent soigneusement, en vue d'attaques possibles de la part du roi des animaux, et, chaque nuit, les troupeaux sont mis à l'abri dans la forteresse. Du reste, Stanley, pendant son voyage, en rencontra plusieurs fois.

Parmi les félins, citons le léopard, que les indigènes appellent « seigneur » ; quand un de ces animaux est tué ou pris dans une trappe, tous les villages environnants célèbrent un jour de fête, pendant lequel les esclaves sont exempts de tout travail ; — puis deux ou trois espèces de chats tigres, qui font aux volailles une guerre acharnée.

Notons encore la hyène et le chacal.

Sur les rives du fleuve, vit une sorte de buffle, plus petit que celui de l'Afrique méridionale, mais tout aussi dangereux, quoique, par instants, il fasse preuve d'une douceur surprenante, témoin l'aventure qui arriva à Stanley, entre Vivi et Isangila.

Il marchait à la tête de sa caravane, et venait, sous un soleil brûlant, de gravir une haute colline. Comme

---

(1) Johnston, *The River Congo*.

il atteignait le sommet, et que, exténué de fatigue, il s'apprêtait à se laisser tomber sur l'herbe couvrant le sol, il se trouva tout à coup face à face avec un buffle rouge qui le contemplait d'un œil profondément étonné. Déjà, il s'avançait sur Stanley, la tête basse, les cornes en arrêt, quand celui-ci l'ajusta et fit feu; mais, bien qu'il ne fût qu'à dix mètres du but, l'émotion le fit trembler, et il manqua la bête. A la grande surprise de l'explorateur, le buffle lui tourna le dos et s'en alla tranquillement.

L'antilope, si commune dans toute l'Afrique, est assez rare au Congo ; il n'y a pas de vraies gazelles. La seule espèce un peu nombreuse est l'antilope cobus, que l'on rencontre surtout au bord des ruisseaux. Les sabots sont fort longs et pointus. Cet animal, qui est d'un brun roux avec des raies blanches, habite surtout les terrains marécageux, dans le voisinage des petits cours d'eau. Ses cornes sont employées par les indigènes pour en faire des trompettes.

La famille des singes est largement représentée ; quelques voyageurs prétendent que le gorille existe au Congo, mais la question est très discutée.

L'espèce la plus répandue est le soko, sur lequel Livingstone a donné d'intéressants détails, quoique, à première vue, ils paraissent un peu fantaisistes; il le prend à tort pour un gorille.

« Le soko, dit-il, marche souvent debout; mais alors il se met les bras sur la tête, comme pour faire équilibre. Vu dans cette position, c'est un animal très gauche... Le jaune clair de sa figure fait ressortir ses affreux favoris et ses quelques poils de barbe. Son front est vilainement bas, flanqué d'oreilles placées très haut, et surmonte un visage qui est fort éloigné de valoir le grand museau du chien. Ses dents sont légèrement humaines; mais les canines montrent la bête par leur énormité. Les mains ou plutôt les doigts sont pareils à ceux des indigènes. La chair des pieds est jaune....

« ....Il est tellement avisé et a la vue si perçante qu'il est impossible de l'approcher par devant; mais ce n'est pas une bête formidable, car il est rare qu'il fasse usage de ses longues canines.... Le soko ne mange pas de viande; sa nourriture consiste en fruits sauvages; il fait ses délices de petites bananes, mais ne touche pas au maïs. Quand il a coupé les doigts de l'ennemi, il les crache immédiatement; après avoir mutilé le chasseur, il le soufflette. Blessé, il arrache la lance qui l'a frappé, mais n'en fait pas usage; il prend ensuite des feuilles et les met sur sa blessure pour arrêter le sang.

«.... Ce grand singe vit en société d'une dizaine de couples. Un intrus, venant d'une autre bande, est chassé à coups de poings et à grands cris. Le père porte souvent le petit, surtout dans la traversée des clairières; rentré dans la forêt, il remet l'enfant à sa mère. »

Coléoptères et lépidoptères abondent sur les rives du fleuve; les papillons surtout sont innombrables et de toute beauté. Malheureusement, à côté de ces jolies insectes vivent d'affreuses bêtes, telles que les blattes, qui répandent partout leur odeur écœurante. Près du mal le remède : les fourmis rouges, qui dévorent ces puantes bestioles par milliers ; parfois, le remède est pire que le mal : des bandes innombrables de fourmis rouges, les *maji moto* (eau chaude) des habitants de Zanzibar, font des ravages inappréciables ; quand une maison se trouve sur leur route, elles l'envahissent, et le propriétaire n'a rien de mieux à faire que de se sauver, et d'abandonner son domaine à la bande pillarde. Après ces terribles envahisseurs, viennent d'autres espèces de fourmis qui, pour être petites, n'en sont pas moins terribles; elles s'attaquent aux vivres, aux sucreries de préférence, et, à moins de se résoudre à manger une compote de fourmis, le mieux est de leur abandonner leur proie, et de prendre ses précautions pour une autre fois.

Puis vient la série, inévitable dans les pays tropicaux, des moustiques, maringouins, chiques, et autres tourmenteurs de l'homme, et surtout du blanc; des mouches de toutes les espèces, et pour les détruire, un nombre incalculable d'araignées de toutes les couleurs et de toutes les grosseurs.

Un fleuve comme le Congo est naturellement très poissonneux; il ne possède guère d'espèces qui lui soient propres, et ses habitants sont à peu près les mêmes que ceux du haut Nil. Malheureusement, ce ne sont pas les seuls hôtes du grand fleuve : outre les hippopotames dont nous avons déjà parlé, on y rencontre encore de nombreux crocodiles, qui sont pour le voyageur un danger incessant; au moindre accident pendant la navigation, on est certain de voir leurs têtes hideuses éclairées par deux yeux glauques s'avancer, en quête d'une proie, *quærens quem devoret*. Les indigènes prétendent que pendant la saison pluvieuse, quand soufflent sur le Congo les tempêtes violentes, les crocodiles suivent le canot ballotté par les flots, dans l'espoir qu'il chavirera avant d'atteindre la rive.

Il est assez curieux de remarquer que, dans cette région, le crocodile se contente d'enlever une jambe ou un bras de sa victime, la laissant, mutilée, atteindre le bord ; à moins, cependant, qu'un autre de ces animaux ne se trouve à portée et n'enlève un second membre au malheureux. En agissant ainsi, le crocodile du Congo fait preuve d'une certaine intelligence : il préfère se contenter d'un morceau enlevé à la hâte, et s'enfuir avec cette proie au fond du fleuve, plutôt que de risquer les chances d'une lutte avec sa victime ; en effet, quand un indigène est pris par un crocodile, s'il peut se retourner, il enfonce ses pouces dans les yeux de son adversaire, ou lui plonge son couteau dans le ventre, auquel cas l'animal lâche sa proie.

Quelque étonnant que cela puisse paraître, il y a des hommes qui, ayant laissé un bras dans les terribles mâchoires du saurien, ont eu assez de courage et de force pour lutter contre la douleur et le courant, et atteindre la rive à la nage.

La queue du crocodile est, on le sait, une arme terrible : d'un coup de cet appendice, il peut tuer un homme, quand il nage, ou, d'un bond, le précipiter dans fleuve. Voici un exemple de ce fait :

Dans la province d'Angola, sur la rivière Quanza, le

steamer qui fait le service était amarré contre la rive; des Krowmen déchargeaient le navire, et, pour atteindre le bord, passaient sur une planche peu élevée au-dessus du banc de sable formant la berge. A la nuit tombante, un crocodile, qui depuis longtemps probablement guettait sa proie, choisit le moment ou un Krowman pesamment chargé était au milieu de la planche, pour lui asséner un vigoureux coup de queue ; le malheureux fut envoyé du choc dans le fleuve. On se précipita au secours de l'homme ; mais déjà le crocodile lui avait ouvert le ventre d'un coup de dent, et le portefaix n'atteignit la rive que pour mourir.

Il est parfaitement exact que le crocodile est accompagné et protégé par un petit oiseau qui pousse un cri d'alarme quand un danger menace le saurien endormi au soleil sur un banc de vase ; c'est une espèce de pluvier, le *lobivanellus albiceps*, que les Egyptiens appellent zig-zag. Il vit avec le crocodile sur le pied de la plus grande intimité, perchant sur le dos du monstre, quand il est hors de l'eau. Souvent, on s'est demandé comment le crocodile payait son protecteur ailé ; quelques savants zoologues ont affirmé que le zig-zag avait le privilège de remplir auprès du crocodile le rôle de cure-dent. D'autres, ne prenant pas cette assertion au sérieux, ont prétendu que le petit oiseau se contentait de manger les vers qui foissonnent sur les parties molles de la mâchoire du monstre. Malgré notre peu de compétence en la matière, nous osons mettre en doute ces deux opinions, et nous croyons bien plutôt que le pluvier zig-zag se nourrit des larves et des vers de vase qui s'attachent à la carapace du crocodile.

Beaucoup de lézards, de brillante couleur et de forte taille, surtout lorsqu'ils sont jeunes ; ils se nourrissent d'animaux vivants ; quelques-uns sont assez forts pour tuer un chien de grosseur moyenne ; ils se défendent bravement contre l'homme, se servant avec adresse et vigueur de leur queue flexible.

Au contraire, les serpents sont rares, et il y a peu d'espèces dangereuses ; certains voyageurs prétendent même que l'on peut traverser le Congo dans toute son étendue sans en rencontrer un seul ; c'est peut-être beaucoup dire ; mais il est certain qu'on en voit rarement. Cependant, à Vivi, en 1885, un officier suédois, attaché à la mission, est mort en deux heures, de la morsure d'un serpent.

Excepté le vautour qui n'existe pas au Congo, on y rencontre toutes les espèces spéciales à l'Afrique ; les oiseaux aquatiques sont surtout fort nombreux.

De tous les animaux domestiques élevés au Congo par les habitants, le plus commun est la chèvre : un animal trapu, bas sur jambe et très gras ; elles donnent un excellent lait, mais qui se tarit rapidement, ce dont se soucient fort peu les indigènes, qui trouvent que le lait est une boisson répugnante.

Le mouton n'existe guère sur le haut Congo ; cependant, il est partout connu ; il appartient au type africain : il est chevelu, avec de petites cornes ; le bélier a une magnifique crinière qui va de l'échine à l'estomac et ressemble beaucoup au mouton sauvage du nord de l'Afrique ; la brebis n'a pas de crinière.

Le bœuf d'origine indigène est absolument inconnu.

Dans tout le haut Congo, le chien, qui est très abondant, a une certaine ressemblance avec celui des Indes et avec le chien sauvage de Sumatra : tête fine du renard, oreilles droites et pointues, pelage fauve et queue légèrement relevée. Ces chiens n'aboient pas, ils donnent l'éveil par un long hurlement ; ils ont peu de sympathie pour les Européens, mais montrent un grand attachement à leurs maîtres indigènes, qui le leur rendent bien. Leur chair est considérée comme un mets tellement délicat et savoureux que l'usage en est, paraît-il, réservé aux grands chefs seulement.

Haut perchés sur des jambes malingres, les chats sont très laids, mais ils rendent de grands services aux indigènes en les aidant à se débarrasser des petits rats noirs qui envahissent les villages à certaines époques de l'année.

L'élevage du porc domestique est une des industries des indigènes, et sert à leur nourriture. Il est noir, avec de longues jambes, et ressemble un peu au cochon irlandais.

Les volailles pullulent dans les villages ; elles sont petites et très productives ; les indigènes mangent rarement les œufs et laissent les poules couver tous ceux qu'elles pondent : aussi leur nombre est-il considérable. Les canards, de l'espèce dite russe, se rencontrent aussi à l'état domestique ; on dit qu'ils ont été introduits dans le bassin du Congo, au dix-septième siècle, par les Portugais.

# CONCLUSION.

Est-il possible de résumer l'histoire de la création de l'Etat du Congo sans rendre hommage aux hommes courageux qui se sont dévoués pour exécuter cette œuvre gigantesque ? à ceux qui par leurs travaux, leurs voyages ont relevé le cours du grand fleuve et ouvert au commerce de toutes les nations le chemin de l'Afrique centrale ?

A Livingstone qui a consacré sa vie à l'étude de la région des grands lacs ; à Cameron qui a complété les travaux du célèbre docteur ; à Stanley, dont le courage et l'énergie ont aplani toutes les difficultés, renversé tous les obstacles et qui a résolu le grand problème ;

A Savorgnan de Brazza qui, pendant dix ans, a poursuivi son œuvre sans se laisser rebuter par les fatigues, sans s'effrayer de la grandeur de la tâche, sans faiblir un seul instant sous le poids des attaques dont il était l'objet. Sans verser de sang, il a acquis à la France des territoires plus grands que la France elle-même; sans lutte, sans combat, il a, par la seule persuasion, soumis des peuplades sous la souveraineté de notre patrie ; il a ouvert à notre commerce la région la plus belle, la plus riche, la mieux située de tout l'Ouest africain.

Désormais, ces pays sont nôtres ; la route qui dessert le grand fleuve, par où passeront tous les produits du haut Congo, par où les richesses de l'Afrique centrale gagneront la côte, traverse nos possessions; les peuples qui l'habitent, et qui étaient les ennemis des blancs, sont nos alliés et nos auxiliaires.

Bientôt, à l'ombre du drapeau français, disparaitra l'esclavage; dans ces régions lointaines et si longtemps barbares, le pavillon tricolore flottera comme un emblème de paix et de justice, et le Congo français aura mérité son nom de FRANCE ÉQUATORIALE.

# TABLE DES MATIÈRES

### Chapitre I.
Situation. — Limites. — Etendue. — Le fleuve et ses affluents. .................... 7

### Chapitre II.
Découverte du Congo. — Les explorateurs anciens. — Livingstone. — Stanley. — Cameron. ........ 21

### Chapitre III.
Stanley sur le Congo. ............................. 51

### Chapitre IV.
Marche. — De Compiègne. — Savorgnan de Brazza. . 81

### Chapitre V.
Deuxième voyage de M. de Brazza. ............... 91

### Chapitre VI.
Troisième voyage de M. de Brazza. .............. 105

### Chapitre VII.
Conférence de Berlin. ........................... 131

### Chapitre VIII.
Etat actuel du Congo. — L'Etat libre du Congo. ... 137

### Chapitre IX.
Les possessions françaises. — Le Congo portugais. . 153

### Chapitre X.
Population .................................... 163

### Chapitre XI.
Habitants de la côte. — Villes et villages. — La vie. — Mariages. — Krowmen. — Esclaves. ........ 169

### Chapitre XII.
Religion. — Superstitions. — Sorciers. — Funérailles. — Légendes. ................................. 193

### Chapitre XIII.

|  | Pages. |
|---|---|
| Culture. — Industries. — Commerce. — Avenir de la race nègre. . . . . . . . . . . . . . . . | 209 |

### Chapitre XIV.

| Climat. — Production du sol. — Animaux. . . . . . | 223 |
|---|---|
| Conclusion. . . . . . . . . . . . . . . . . . | 237 |

# TABLE DES GRAVURES

|  | Pages. |
|---|---|
| M. Savorgnan de Brazza. . . . . . . . . . . . | 4 |
| Stanley-Pool. . . . . . . . . . . . . . . . . | 13 |
| La Pointe de Banane. . . . . . . . . . . . . | 17 |
| Cameron. . . . . . . . . . . . . . . . . . . | 39 |
| Cameron, blessé, se fait porter dans son hamac. . . . | 43 |
| Stanley, son guide Kaloulou et son interprète Selim. . | 47 |
| Portage de la *Lady Alice*. . . . . . . . . . . . | 53 |
| Campement à l'entrée de Stanley-Pool. . . . . . . | 63 |
| Le *Lady Alice* descendant les rapides. . . . . . . | 67 |
| M. Savorgnan de Brazza. . . . . . . . . . . . | 79 |
| Traversée d'une rivière près des sources de l'Ogôoué. . | 87 |
| Le roi Makoko. . . . . . . . . . . . . . . . | 94 |
| Le roi de Yellala. . . . . . . . . . . . . . . | 143 |
| Le roi Lutete. . . . . . . . . . . . . . . . | 147 |
| Un guerrier Batéké. . . . . . . . . . . . . . | 166 |
| Village indigène. . . . . . . . . . . . . . . | 173 |
| Femmes Kabindas. . . . . . . . . . . . . . . | 179 |
| Case de Krowboys. . . . . . . . . . . . . . . | 189 |
| Pont indigène. . . . . . . . . . . . . . . . | 213 |
| Une caravane. . . . . . . . . . . . . . . . | 217 |

POITIERS. — TYPOGRAPHIE OUDIN.

www.ingramcontent.com/pod-product-compliance
Lightning Source LLC
Chambersburg PA
CBHW071936160426
43198CB00011B/1416